実践 埋蔵文化財と考古学

―発掘調査から考える―

水ノ江和同

同成社

まえがき

　埋蔵文化財と考古学。前者は遺跡・遺物に関する行政的な総称であり、後者は遺跡・遺物から人類の歴史を復元・研究する学問のことを示します。文字をみる限り両者に共通性はありませんが、いずれも「発掘調査」という手法によって成り立っています。

　発掘調査というと、遺跡を掘り下げている場面を想像しがちです。しかし、それは実際には、野外での発掘作業、屋内での整理等作業、そして発掘調査報告書の作成・刊行までの、3段階の作業の総称として位置づけられています。

　この3段階の作業は、どのような遺跡が対象であっても同じです。しかし、その要因や目的はさまざまで、また、どの遺跡も一つとして同じ遺跡でないことから、発掘調査の具体的な進め方やそれに伴う考え方もすべて異なります。このように書くと、発掘調査は方程式のない難しく複雑なものとしばしばイメージされます。しかし日本では、埋蔵文化財保護行政のはじまりとされる 1964（昭和39）年2月の文化財保護委員会事務局長通知（正式名称は凡例参照）以降、考古学研究の進展と連動して、発掘調査に関する考え方や技術が蓄積され、枠組（ルール）が形作られてきました。

　前書『入門　埋蔵文化財と考古学』（水ノ江 2020）ではその名のとおり、埋蔵文化財保護行政に関する基本的な考え方や手続き及びそれらの経緯についてまとめるとともに、常に連動する考古学研究との関係性について紹介しました。しかし、それだけでは実際の発掘調査において直面するさまざまな場面に、十分に対応できない可能性があります。そこで本書では、「発掘調査」をキーワードに「実践」を意識して、以下のような構成としました。

　「第1章　遺跡をもう一度掘る、考え直す」では、すでに一度発掘

調査された遺跡に対して現代的な再評価をおこなうため、再発掘調査や再検討を実施する意義について考えました。

「第2章 目的がさまざまな発掘調査」では、保存を目的とする発掘調査を中心に、特に文化財建造物の修理や遺跡の復元整備に際しておこなう発掘調査、大学の発掘調査、そして宮内庁の陵墓発掘調査について、その実態と内容についてまとめました。

「第3章 発掘調査を違う視点から考える」では、発掘調査そのものではありませんが、それとの関係性が常に注目される発掘件数と精度、盛土保存、補助金の考え方を紹介しました。

「第4章 埋蔵文化財と考古学の関係性再考」では、埋蔵文化財保護行政の取り組みの中で、実は考古学研究と非常に密接な関係にある事柄を取り上げました。そして最後に本書全体を振り返り、『入門 埋蔵文化財と考古学』で示した埋蔵文化財保護行政と大学考古学研究との関係性について改めて考えてみました。

なお、巻末資料として、2021（令和3）年11月現在の国指定の特別史跡・史跡一覧を収録しました。これらは埋蔵文化財保護行政と考古学研究の協同の証しですが、その全容は意外と知られていません。みなさんの身近に存在する特別史跡・史跡を、確認・訪問する機会になればと考えます。

本書は、以上のような内容で構成されることから、その名称を『実践 埋蔵文化財と考古学』とし、「発掘調査から考える」という副題のもと、前書の姉妹編として位置づけました。

さて、半世紀に及ぶ日本の埋蔵文化財保護行政における発掘調査は、近年ますます細分化と多様化が進み、かなり複雑な内容になり、その変化もはやくなるばかりです。本書では、発掘調査を通じて「埋蔵文化財保護行政と考古学研究との一体的な関係性」を追究・再確認することを目指しました。これにより、両者のより良き関係性の構築がさらに進むことになれば幸甚であります。

目　　次

［凡例］

・拙著『入門 埋蔵文化財と考古学』については、初出のみ正式名称で表記し、以降は『入門』と表記した。

・「文化財保護法」の条数については、初出のみ「文化財保護法第○条」と表記し、以降は「法第○条」と表記した。

・1964（昭和39）年2月10日付文委記第14号、文化財保護委員会事務局長から建設省官房長以下開発関連事業省庁充て通知「史跡名勝天然記念物および埋蔵文化財包蔵地等の保護について」は、すべて「1964年2月文化財保護委員会事務局長通知」と表記した。

・1998（平成10）年9月29日付文化庁次長から都道府県教育長宛て通知「埋蔵文化財の保護と発掘調査の円滑化について」は、すべて「平成10年通知」と表記した。

・文化庁の通知や報告などの文章と文言は原文のまま引用しているため、本書で使用する送り仮名などとは異なる場合がある。

・文化庁のホームページは「文化庁HP」とした。

https://www.bunka.go.jp/seisaku/bunkazai/shokai/maizo.html

実践 埋蔵文化財と考古学

—発掘調査から考える—

第**1**章　遺跡をもう一度掘る、考え直す

　一般的に発掘調査は、再現性のない一回限りの行為といわれています。それは、長い時間をかけて埋まった土を掘り上げると、その土を元の状態に戻すことができずやり直しが利かないからです。「少し掘りすぎたので土を戻してもう一度掘り直そう。」は発掘調査ではありえません。したがって発掘調査では、失敗がないように客観的で明確な目的意識と精度の高い考古学的な手法が求められるのです。

　このように書くと、発掘調査はその場その場の判断が極めて重要で、遺跡の再評価などはありえないようにみえます。しかし現在、遺跡は大きくは以下の二つの方法で再評価が各地でおこなわれています。一つ目は、かつて発掘調査した場所をもう一度掘り直して、土層断面の再確認や掘り残された部分を改めて発掘調査する方法。二つ目は、かつての発掘調査成果を改めて最先端の考古学的手法と視点に立って見直す方法。

　再評価については、新たな分析手法の開発・応用があります。高度経済成長に伴い日本で発掘調査が急増した 1960 から 1970 年代当時、自然科学分析といえばようやく放射性炭素年代測定がはじまったばかりでした。当時はまだ、分析に使用するサンプル（試料）も多くの量が必要であり、また費用も高額で分析精度も不安定であり普及しませんでした。しかし 1980 年代以降、肉眼では観察・確認できない微細資料の分析や各種自然科学分析の進歩は、考古学の世界を大きく変えました。微細資料分析としては花粉分析、プラン

トオパール（植物珪酸体）分析、圧痕レプリカ法など、自然科学分析では蛍光 X 線分析、炭素・窒素同位体分析、DNA 分析、放射性炭素年代測定における AMS 法の導入など、その手法は多岐にわたります。そしてさらになんといっても、日本各地で年間約 8,000 件もおこなわれる発掘調査では常に新しい成果や類似事例が発見・確認され、発掘調査精度と考古学研究の進展という考古学にとってもっとも基本的な部分の目覚ましい向上が日々進められています。

　このような背景を踏まえ本章では、現在の考古学では遺跡の再発掘調査や遺物の再評価をどのようにおこなっているのかを、具体的な事例を通して整理・紹介します。

1. 遺跡をもう一度発掘調査する意義

　一度発掘調査した遺跡をもう一度発掘調査する。最初の発掘調査で得た成果を改めて検討すると課題がみつかり、そこで再度発掘調査をおこなう。課題克服のための発掘調査は有意義です。しかし、発掘調査には再現性がないため、発掘調査すればするほど遺跡の遺存率は下がっていき、再検証する場所もそれだけ減っていき、最後には遺跡はなくなってしまいます。こう考えると、再発掘調査をして良いのか、あるいはする必要があるのか、難しい問題です。ここではもう一度発掘調査する意義と必要性、そしてその考え方と手法について具体的な事例から考えてみます。

(1) 福井洞窟（長崎県佐世保市）
旧石器時代から縄文時代への移行状況を探る

　福井洞窟は、福井川による岩盤の浸食によって形成された岩陰遺跡です。日本では 1949（昭和 24）年に岩 宿 遺跡（群馬県みどり市）の発見により旧石器時代の存在がはじめて確認されましたが、

それが縄文時代にどのように繋がっていくのかはまだよくわかっていませんでした。この問題の解明を目的に、日本考古学協会は 1960（昭和 35）年、1963（昭和 38）年、1964（昭和 39）年に福井洞窟の発掘調査をおこないました。

　この 3 次に及ぶ発掘調査では多くの成果を得ることができました。特に 4 層の細石器、3 層の隆起線文土器＋細石器、2 層の爪形文土器＋細石器という層位的な変遷は、旧石器時代から縄文時代への移り変わりを示しました。また、隆起線文土器には放射性炭素年代測定により約 12,600 年前という、当時としては世界最古級の年代が与えられ世界的にも注目されました。さらに、15 層から出土した両面加工の尖頭器などは約 31,900 年前より古いという年代が与えられたことから、前期旧石器時代への期待も高まりました。

図 1　福井洞窟発掘調査区を中から見上げる（左）、上から覗く（右）
発掘調査区は長さ 8 m、幅 2 m、深さは最大で 5.5 m。深さ 3 m まではほぼ垂直に掘り下げましたが、12 層からは日本でも稀少な旧石器時代の炉跡が検出されたため、それを保存して避けながら階段状に掘り進め、到達した最下層（基盤層）の発掘調査範囲は 2×1 m になりました。この調査区から掘り上げられた土は、微細遺物を採集するためにすべて 1 mm メッシュの篩いにかけて水洗されました。（筆者撮影）

60年後の再発掘調査

　福井洞窟が所在する佐世保市では、国指定史跡でもある福井洞窟を整備してまちづくりに活かそうと考えていました。そこで、福井洞窟の遺跡としての形成過程の解明や、当時の古環境や生活の復元を目的に、最先端の考古学研究・発掘調査技術・自然科学分析などを駆使して再発掘調査を実施することを決め、2008（平成20）年にその準備に入りました。

　ここで問題になったことが2点ありました。一つは、福井洞窟は国指定史跡であることから、遺跡自体を後世に残し伝えなければならないことです。再発掘調査によって新たな成果を得ることはもちろん重要ですが、再現性のない発掘調査によって遺跡が少なくなる、あるいはなくなると大変です。そこで佐世保市は文化庁や長崎県と2年に及ぶ協議を何度も重ね、もっとも少ない発掘調査量でもっとも多くの成果を得るように、途中で発掘調査を中断していた1960（昭和35）年の第1調査区を再発掘調査することとしました。そしてさらに、何度もシミュレーションをおこない発掘調査方法に関する詳細な仕様書も策定しました。

　もう一つは、現在の労働安全基準に基づくなら、以前のように深さ2m以上に及ぶ素掘りの発掘調査区を設定することはできないということです。そこで労働基準局とも協議を重ね、発掘調査の進行に伴い鋼鉄製の型枠を適宜設置して安全を確保する工夫をしました。このような徹底した準備を踏まえ、実に約60年ぶりとなる再発掘調査を2012（平成24）年からおこなうことになりました。

そして福井洞窟は特別史跡へ

　再発掘調査の成果は多岐に及びます。15層からはシッカリとした石器が出土せず年代も確定できませんでしたが、どうもそれほど古い層ではないようです。約14,600年前の12層からは、炉跡や石

器の製作跡がみつかりました。約14,500年前には福井洞窟のすぐ横で地滑りが起こり、厚さ2m以上の土砂が洞窟内に流入しました。約14,000年前の7〜9層でも炉跡や石器の製作跡がみつかり、さらに小石刃を使用する時期があり細石器が一時的に断絶することもわかりました。4層から2層にかけては、細石器と縄文土器の関係が追認されました。このほかに当時の寒冷だった環境も詳細に復元されました。

　遺跡の公開・普及についても注目点があります。再発掘調査に際しては、一般の方と専門家と別々に現地説明会をおこない、それぞれの目的に応じた対応をしました。2016（平成28）年に刊行された発掘調査報告書では、遺跡の形成・変遷過程をわかりやすく示すために、イラストを使って説明しています。また、発掘調査成果については、2016（平成28）年5月には日本考古学協会で学術的な報告をおこない、2021（令和3）年4月にはガイダンス施設「福井洞窟ミュージアム」も完成しました。さらに、2020（令和2）年9月には出土遺物が「福井洞窟出土品」として国の重要文化財に指定され、次には遺跡を国の史跡から特別史跡に昇格させることを目指しています。こうして福井洞窟は、市民の間で佐世保市のシンボルとして徐々に定着していますが、もちろん日本を代表する洞窟遺跡としてもさらに注目されることになるでしょう。

コラム1　二つの遺物接合

　破損した遺物を接合することは、発掘作業後の整理等作業において不可欠な工程です。この遺物接合には、二つの目的があります。一つは、複数の破損した遺物を接合して本来の形を復元すること。これにより、その遺物が持つ情報、特に土器の場合は器形や文様やサイズから年代を中心に、生産地や系譜が想定されることがあります。また、異なった遺構から出土した同一個体の破片どうしが接合することで、

図2　石器の接合の意義を展示する

九州国立博物館では、石器の接合の意義を視覚的に示すため模型を作りました。ほぼ原石まで復元できる根引池遺跡（長崎県佐世保市）出土旧石器の精巧なレプリカを作り、実物は手前に展示。そしてその後ろに、原石からナイフ形石器ができあがるまでの３段階の作業工程（原石→①粗割り→②成形→③調整→完成）を、接合作業の成果に基づき、レプリカ旧石器を使って模型で表現しました。なお、人間の手は無機質感を出すためアクリルで製作しました。（筆者撮影）

遺物廃棄時における遺構間の同時共存性も想定されます。

　もう一つは、おもに石器や石製品において、製作工程を復元すること。石器や石製品は土器などとは違って可塑性はなく、素材を敲打して成形・整形することが一般的です。したがって、敲打によって生じた剝片や砕片を丁寧に接合することで、製作工程（作業手順）を遡って復元することが可能になります。石器や石製品の接合には、まず同一母岩を見分けること、そして剝片の形状や剝離面の微妙な凹凸状況などから接合するかどうかを見分けることなど、かなり高度な観察力と一定程度の経験が求められます。

　この遺物接合はジグソーパズルと同じで、人によって得手・不得手があります。埋蔵文化財専門職員でも苦手な人がいれば、考古学を学んだことのない作業員に天才的な接合能力を発揮する人もいます。遺跡から出土した遺物を活かすも殺すもこの接合次第。遺物接合はあま

り目立たない地味な作業ですが、考古学にはなくてはならない重要な技術です。

(2) 広田遺跡 （鹿児島県南種子町）

種子島の華やかな貝文化

　広田遺跡は、種子島の南端部に形成された砂丘上に立地する、弥生時代の終末から古墳時代にかけての墓地遺跡です。1955（昭和30）年に襲来した台風により、海に面した砂丘東側の一部が崩落。そこから人骨や貝製品が露出し、はじめて遺跡の存在が明らかになりました。これを契機に、国分直一・盛園尚孝・金関丈夫らによる発掘調査が、1957（昭和32）から1959（昭和34）年まで3回実施されました。その結果、90カ所の埋葬遺構に伴う157体の埋葬人骨と、総数44,242点、総重量24kgに及ぶ膨大かつ多彩な貝製装身具が出土し、一躍全国の注目を集めることになりました。特に、貝符（小さな板状の貝製装身具）に刻まれた文様が中国の殷周時代の饕餮文に類似することや、広田遺跡以外ではほとんど類例のない造形的にも優れた竜佩型貝製垂飾などから、広田遺跡と古代中国との関係性も指摘されました。

　その後、これら貝製装身具についてはその系譜が問題となり、中国でも時代がもっとさかのぼるという説、中国の華南地域ではなく華北地域との関係性を求める説、日本独自・広田独自という説など学界では論争が巻き起こりました。こうしたなか、2003（平成15）年には1957（昭和32）年から1959（昭和34）年の発掘調査の報告書が刊行され、これに基づき出土品は「広田遺跡出土品」として2006（平成18）年6月に国の重要文化財に指定されました。

50年後の再発掘調査

　広田遺跡といえば、重要文化財にも指定された多彩な貝製装身具

が有名です。しかし、遺跡自体については、①墓地遺跡を形成した人たちの居住域や広田遺跡の周辺の状況は不明、②墓地の正確な範囲（墓域）や墓地そのものの構造は不明、③砂丘上の遺跡に多い浸食・崩落の危機に対応した措置が不十分、といった大きな課題がありました。そこで南種子町では、これらの課題解決に向けて 2004（平成 16）年から 2006（平成 18）年にかけて約 50 年ぶりの再発掘調査を実施することにしました。

まず 2004（昭和 16）年には、広田遺跡周辺の分布調査と、近接する遺跡の発掘調査をおこないましたが、残念ながら墓地に埋葬された人たちの居住域はみつかりませんでした。

2005・2006（平成 17・18）年はいよいよ広田遺跡本体の再発掘調査です。広田遺跡が立地する南北約 100 m の砂丘のうち、1957（昭和 32）年から 1959（昭和 34）年の発掘調査地点はその南側半分にあたることから南区、今回の再発掘調査の中心は北側半分にあたることから北区としました。南区では、50 年前の発掘調査の正確な場所が確定され、さらにその周辺にまだ 20 基ほどの埋葬遺構が残っていることがわかりました。

これに対しこれまで埋葬遺構はないと考えられていた北区では、まずは埋葬遺構の有無の確認を、そして埋葬遺構があるならその範囲の確定が求められました。しかし、埋葬人骨は一度外気に触れると腐食が急激に進むという問題があります。また、仮に北区では埋葬遺構が少なくそれを掘り上げると広田遺跡はまさに「遺跡の遺跡」、すなわち埋葬遺構や埋葬人骨は残っていない空っぽの遺跡になってしまう可能性もあります。そこで考えだされた方法が、最小限の発掘調査と地中レーダー探査の併用でした。地中レーダー探査で埋葬遺構らしき反応を探しだし、反応があった場所を少しだけ掘り下げて埋葬遺構の存在を確認すれば発掘調査はそこで終わりになります。こうすることで、遺跡を極力残すことが可能になるととも

に、遺跡の内容の確認も可能になりました。その結果、北区には約90基の埋葬遺構がまだ存在することが判明し、これにより広田遺跡全体の範囲と構造がようやく明らかになり、広田遺跡は2008（平成20）年3月に国の史跡に指定されました。

再発掘調査のもう一つの意義

広田遺跡史跡公園と広田遺跡ミュージアムは、2015（平成27）年3月にオープンしました。遺跡や展示の解説、ミュージアムショップの運営やグッズの製作、各種体験イベントや清掃の実施などは、広田遺跡に係わりのある地域の方々が設立した「広田遺跡語り部の会」が担当します。この会はボランティア団体ですが、広田ミュージアムとは一部に雇用関係も有しており、両者がそれぞれに責任をもった取り組みを進めています。この関係性の背景には、最初の発掘調査直後の1963（昭和38）年に発足した地元平山地区の「平山郷土文化保存会」の活動が注目されます。広田遺跡の近くに藁葺きの小屋を建て、そこに子どもを集めて広田遺跡の発掘物語が語り継がれ、これが現在の地元小中学校においても、必ず授業で広田遺跡のことを取り上げる取り組みに繋がっているそうです。

50年後の再発掘調査は、埋蔵文化財保護行政・考古学研究にとってもちろん重要です。しかし、地域の方々が広田遺跡の重要性を再認識して自分たちが誇れる遺跡になったという点は、それ以上に重要なことかもしれません。

(3) 著保内野遺跡（北海道函館市）

土偶の発見と最初の発掘調査

1975（昭和50）年8月、北海道南茅部町（現函館市）字著保内野において馬鈴薯の収穫作業中に、偶然一つの土偶が掘り出されました。地表面下約30 cmから、先に頭部が姿を見せたとのこと。

図3　広田遺跡の全景（上）、埋葬遺構復元模型（中）、広田遺跡ミュージアムの葬送儀礼ジオラマ（下）
広田遺跡に立つと、海の向こうにJAXA（宇宙航空研究開発機構）のロケット発射台が見えます。このことから広田遺跡ミュージアムでは、埋蔵文化財や考古学ではあまりお目にかかれない「広田遺跡と宇宙」をテーマにした幻想的で夢が一杯なイベントもしばしば。葬送儀礼ジオラマではあまりリアルで生々しくならないように、少し頭でっかちでユニークな人形たちがみなさんをお迎えします。シャーマンは有名な考古学者に似ているようです。（筆者撮影）

この土偶は中空で高さは 41.5 cm、両腕こそ欠損していますがそれ以外はほぼ完存する一級品です。地元の南茅部町ではその重要性に鑑み、どのような状態で出土したかを確認するため、発見直後に発掘調査を実施しました（南茅部町 1976）。

　まず、土偶が出土した地点を中心に 18×2.5 m の長方形トレンチを設定して掘り下げ、まさに土偶が出土した直下において 1.7×0.7×0.25 m の長方形土坑を確認しました。さらにその周辺において土坑を 4 基確認したことから、土偶は土坑墓群のなかの一つの土坑墓内の南東側に立位で副葬されたものと考えられました。また、この土偶の文様やトレンチから出土した縄文土器片により、所属時期は縄文時代後期後葉とされました。ほぼ完存する最大級の土偶が土坑墓に副葬されていたという発掘調査所見を重視し、著保内野遺跡出土土偶は 1979（昭和 54）年 6 月に国の重要文化財に指定されました。

遺跡の性格を究明するための 2 回目の発掘調査

　最初の発掘調査から約 30 年が経ち、この土偶の現代的評価を改めておこなうにあたって、遺跡の性格と正確な年代や出土地点の把握が必要になりました。そこで函館市（旧南茅部町）は 2006（平成 18）年 7 月に再発掘調査を実施しました。

　この時の発掘調査では、まず土偶が出土したとされる長方形土坑の場所を確認し、その周辺にあった 4 基の「墳墓様」とされた土坑については攪乱と判断しました。また、この長方形土坑の周辺からは、長軸がほぼ同じ方向に向く 2 基の長方形土坑を検出し、そのうち 1 基からは緑色の勾玉や漆塗りの櫛が出土しました。このほかにも、これら土坑群の北側に直径約 6 m の環状配石遺構を、さらにその北側ではやはり長軸がほぼ同じ方向に向く 1 基の長方形土坑を検出しました。

図4 著保内野遺跡再発掘調査風景（上）と著保内野土偶（下）
左下の長方形土坑が土偶の出土遺構。中央部右端の土坑は、ヒスイ製勾玉や漆塗りの櫛が出土した土坑墓。その奥が環状配石遺構の一部。この日は有識者を中心に、地元函館市の担当者、北海道教育委員会の担当者、文化庁の考古資料部門と埋蔵文化財部門の担当文化財調査官が集まって遺跡の性格について現地で検討・確認をしました。（左：筆者撮影、右：函館市教育委員会提供）

　緑色の勾玉については、蛍光X線分析によりヒスイ製であることが判明しました。また、漆の皮膜を放射性炭素年代測定により分析して得た3,270±40年（未較正）という年代値は、縄文時代後期後葉の一般的な年代と合致しました。

　以上の発掘調査成果を通して、著保内野遺跡は縄文時代後期後葉の集団墓地であり、土偶はそのなかの1基の副葬品であることが確定しました。このことを踏まえ、2007（平成19）年6月、本土偶

は土偶としては2例目の国宝に指定されました。

再発掘調査の意義

　著保内野遺跡出土の土偶は、土偶としての重要性から発見直後に発掘調査がおこなわれ、その時点で縄文時代後期後葉の墓に副葬された可能性が指摘されました。その後約30年の時を経て、北海道内における発掘調査事例の増加や考古学研究の進展により、当該期の墓は土坑墓が群を成すことが明らかになってきました。このような状況を踏まえ、改めて現代的評価をすべく再発掘調査を実施したところ、多くの成果を得ることができました。特に副葬品としてのヒスイ製勾玉や漆塗りの櫛の存在は、それが墓であることを証明するとともに、後者については年代の特定にも繋がりました。最新の考古学研究の成果を踏まえ、明確な目的意識と最新の発掘調査手法や分析手法を用いることで、遺跡や遺物には新たな価値づけをおこなうことが可能になります。

コラム2　国宝な土偶たち

　現在、国宝に指定されている土偶は5点。著保内野遺跡、風張遺跡（青森県八戸市）、西ノ前遺跡（山形県舟形町）、棚畑遺跡（長野県茅野市）、中ッ原遺跡（長野県茅野市）から発掘調査によって出土して、出土状況も明らかなほぼ完形の縄文時代の土偶たちです。

　国宝や重要文化財の指定基準は、史跡名勝天然記念物の指定基準（『入門』第6章）と同様に、文化財保護法が制定された翌年の1951（昭和46）年5月に設定された「国宝及び重要文化財指定基準」に基づきます。そこには、考古資料の指定基準として以下が記されています（1996年10月改訂版）。

重要文化財

　　一　土器、石器、木器、骨角牙器、玉その他縄文時代及びそれ以前の遺物で学術的価値の特に高いもの

　二　銅鐸、銅剣、銅鉾その他弥生時代の遺物で学術的価値の特に高いもの

　三　古墳の出土品その他古墳時代の遺物で学術的価値の特に高いもの

　四　宮殿、官衙・寺院跡、墓、経塚等の出土品その他飛鳥・奈良時代以後の遺物で学術的価値の特に高いもの

　五　渡来品で我が国の歴史上意義が深く、かつ、学術的価値の特に高いもの

国宝

　　重要文化財のうち学術的価値が極めて高く、かつ、代表的なもの

　縄文土偶は、その年代と造形美から世界的にも注目され、海外で展示会を開催すると必ず大きな反響を呼びます（東京国立博物館・大英博物館 2009『国宝土偶展』『THE POWER OF DOGU』）。国内でも土偶が出土した市町村では、それを地元の誇りやキャラクターとして愛用します。愛称もさまざまで、国宝5点の通称あるいは愛称として、それぞれ順にカックー（南茅部地区から出土した中空土偶の略称）、合掌土偶、縄文の女神、縄文ヴィーナス、仮面の女神などと呼ばれています。なお、青森県亀ヶ岡遺跡から出土したとされる遮光器土偶（東京国立博物館所蔵・重要文化財）は、地元のつがる市では遮光器をもじって「シャコちゃん」と呼ばれています。

2.　発掘調査成果を考え直す意義

　遺跡を再評価する手法は、行政目的でおこなう再発掘調査だけではありません。その時々の最先端の考古学研究に基づきながら、過去の発掘調査成果を再検討することで、新たな評価や価値づけをおこなうこともできます。これは、埋蔵文化財保護行政と考古学研究が一体的に発展した証ともいえます。近年、各地で盛んにおこなわれるようになったこの取り組みについて、その考え方と手法を具体的な事例から考えてみます。

図5　トイレの国宝土偶イラスト（上左、筆者撮影）とそのモデルになった国宝「土偶」（仮面の女神、上右①）と国宝「土偶」（縄文のビーナス、上右②、いずれも茅野市尖石縄文考古館提供）、JR 木造駅のシャコちゃん土偶（下）

茅野市役所では、2点の国宝土偶によるユニークで多彩なイラスト（市役所職員がPCで製作）が随所に掲示されていて、見ると思わず笑顔になり和んでしまいます。JR木造駅の高さ17ｍの巨大シャコちゃんは少し不気味ですが、欠損した左足の部分を出入口として活用。電車が到着すると何故か目が赤く点滅しますが、最近はLEDライトで7色4パターンに発光するそうです。（筆者撮影）

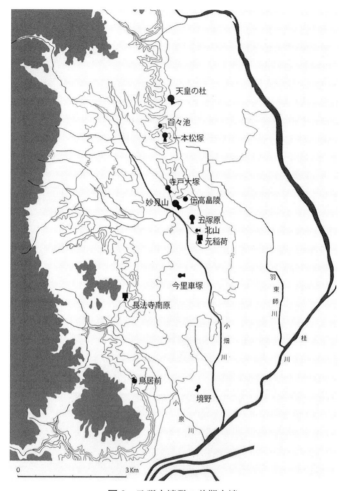

図6 乙訓古墳群の前期古墳

乙訓古墳群の前期古墳は、桂川の支流である羽束師川と小畑川に挟まれた舌状丘陵上に集中分布します。そして、中・後期古墳は低地に分布します。(京都府教育委員会 2015)

(1) 乙訓古墳群（京都府京都市・向日市・長岡京市・大山崎町）

古墳時代のはじまりから終わりまで

　首長墓など 32 基の古墳からなる乙訓古墳群は、京都盆地の西端部、桂川右岸の丘陵一帯の乙訓地域（現在の京都府下 3 市 1 町）に分布し、古墳時代の初頭期から終末期まで途切れることなくその年代的な順序が追える稀有な古墳群です。

　発掘調査の歴史は古く、京都府史蹟勝地調査會調査委員であった京都大学の梅原末治が中心となり、1917（大正 6）年の恵比須山古墳を皮切りに 1960（昭和 35）年の元稲荷古墳まで、16 カ所の古墳や古墳群の発掘調査や聞き取り調査をおこないました。

　1960 年代後半以降は、京都大学をはじめ大阪大学や立命館大学が独自に実施する学術目的調査や、当該市町村が保護を目的に大学へ依頼して行政的な保存目的調査を共同でおこなう発掘調査が進められました。

　これと併行して、1960 年代後半以降は高度経済成長期でもあったことから、迫りくる開発に対して古墳を行政的に保護する取り組みも当該市町村でおこなわれました。すなわち、文化庁の国庫補助事業として京都府とも連携し、分布調査や測量、内容と範囲を確認するための発掘調査を積み重ねました。そして、大学の学術目的調査とこれら各種行政目的調査によって得られた情報をもとに、乙訓古墳群の墳丘構造・主体部・埴輪に関する研究、鏡・鏃・農耕具といった副葬品に関する研究、さらにはそれらの成果を踏まえた首長墓系譜に関する総合的な研究などが急速に進展しました。

　この乙訓古墳群における大学と行政の各種取り組みの変遷は、日本における考古学研究と埋蔵文化財保護行政の関係性の歴史を示す典型例としても注目されます。

遺跡の再評価と総括報告書

　世界的にみても地方自治が進展・浸透している日本では、各地方公共団体の主体的な取り組みが重視されます。これはとても重要なことですが、現在の行政区画とは異なった広がりをみせる遺跡を保護する場合、この各地方公共団体独自の取り組みが時に縦割りとして弊害になります。乙訓古墳群の場合もこれに相当し、古墳が分布する行政区は政令指定都市である京都市をはじめ、向日市・長岡京市・大山崎町の3市1町からなります。東西8km、南北10kmの範囲に広がる乙訓古墳群を一体的に保護しようとする時、文化財保護部局の体制、予算規模、関係する条例などが異なるため、一体的な取り組みは簡単ではありません。そこで重要な役割を果たすことになるのが、広域地方公共団体である京都府です。

　広域行政の役割を担う京都府は、乙訓古墳群の一体的な保護を実現するためには、乙訓古墳群総体としての歴史的価値づけをおこなう必要があると考えました。そこで、2010（平成22）年に有識者と関係機関（3市1町の文化財保護部局及び発掘調査機関）によって構成される「乙訓地域の首長墓群の歴史的位置づけに関する検討会」を設置し、2014（平成26）年まで4回の検討会を開催しました。検討内容は、乙訓古墳群の考古学的価値と歴史的評価、保護すべき古墳16基の選定、古墳群の名称の整理などで、これに基づき京都府では2015（平成27）年に総括報告書『乙訓古墳群調査報告書』を刊行しました。こうして歴史的評価が確定した乙訓古墳群は、2017（平成29）年に国の史跡に指定されました。

都道府県の役割、市町村との関係性

　都道府県と市町村との関係性、特にその役割分担について、文化庁はこれまで① 1995（平成7）年の「埋蔵文化財保護体制の整備充実について」、② 1998（平成10）年の「埋蔵文化財の保護と発掘調

図7 復元整備された恵解山古墳の造出部で遊ぶ子どもたち（上）と、物
集女車塚古墳から出土した長持形石棺を模した説明板（下）

模型埴輪が壊れると少し困りますが、子どもたちにとって国指定史跡の古墳で遊んだ
想い出はいつまでも記憶に残ることでしょう。長持形石棺の説明板。一般の方々には
少し難しいアイデアですが、上手く説明すればとても効果的なモニュメントでしょ
う。（筆者撮影）

査の円滑化等について」、③ 2014（平成 26）年の「適正な埋蔵文化財行政を担う体制等の構築について」などの通知や報告をおこなってきました。これは、その時々の社会状況の変化に応じて適宜対応しながらも、その都度その時々の本質的な在り方を提示するというものです。なかでも③では、都道府県の役割として「埋蔵文化財の価値を総体的に評価し、その価値に応じた保護措置を自ら執ること」を期待しています。今回のように乙訓古墳群の総体的な評価をおこなうには、当該 3 市 1 町では行政区画が分かれるため難しく、京都府の役割が重要になります。そこで、広域的な視点と史跡指定に関する豊富な経験を有する京都府が「乙訓地域の首長墓群の歴史的位置づけに関する検討会」を設置して乙訓古墳群の保護を主体的に進めたことは、都道府県と市町村の役割分担としては理想的だったといえるでしょう。このことは、2019（平成 31）年に改正された文化財保護法第 183 条の 2「文化財保存活用大綱」に合致した実践例としても今後注目されるでしょう。

　同様な取り組みとして注目される事例が新潟県にもあります。旧石器時代から縄文時代への移行の在り方について、1950 年代後半から 1960 年代にかけておこなわれた「本ノ木論争」。その本貫地である新潟県津南町の本ノ木遺跡の周辺には、縄文時代草創期前半代において変遷が追える遺跡群が存在します。津南町の卯ノ木遺跡、そして十日町市の壬遺跡と田沢遺跡。これら 4 遺跡を総体的に評価して初めて草創期の在り方が明らかになりますが、遺跡は十日町市と津南町に分かれます。そこで新潟県は、両市町がそれぞれに実施した各遺跡の発掘調査成果を整理・統合して、2019（平成 31）3 月に『本ノ木・田沢遺跡群総括報告書』を刊行しました。これに基づき本ノ木・田沢遺跡群は、2019（令和元）年 10 月に国の史跡に指定されました。

(2) 星ケ塔黒曜石原産地遺跡 （長野県下諏訪町）

考古学史を彩る黒曜石原産地

　霧ヶ峰とは長野県の中央部、茅野市・諏訪市・下諏訪町・長和町にまたがる火山性の山体のことで、考古学的には黒曜石の原産地として有名です。かつては和田峠という名称が教科書などで総称的に使用されましたが、現在では自然科学的な産地推定分析により「諏訪」「和田峠」「男女倉」に大別されています。

　1896（明治29）年、坪井正五郎は東京の貝塚から出土する黒曜石について、その産地が近辺にないことを理由に信州からの搬入であることを推定しました。これを受け鳥居龍蔵は、『諏訪史第一巻』刊行に伴う現地調査として 1920（大正9）年4月25日午後にホシガトウ（現在の星ケ塔遺跡）を訪れ、黒曜石の露出状況や竪穴状の窪地を確認するとともに、土器片2点を採集しました。そして、黒曜石原産地と消費地との関係から、諏訪を中心とした関東・東海・北陸までの交易圏を想定しました（鳥居 1924）。なお、この現地調査に同行した地元の中学生であった八幡一郎は、1940（昭和15）年に「先史時代の交易」を発表しました。

　戦後の 1958（昭和33）年、パーライト（園芸用人工用土）の原料として黒曜石を採掘する際に縄文土器が発見されたことにより、藤森栄一らによる発掘調査が 1959（昭和34）年から 1961（昭和36）年までおこなわれました。2カ所の黒曜石採掘坑を含む 12カ所の窪みと縄文時代晩期土器の出土が確認され、これにより藤森は星ケ塔遺跡を縄文時代の黒曜石鉱山として性格づけました。

レーザー測量で黒曜石採掘坑を探索・確定する

　下諏訪町では、平成バブル経済期の 1980年代後半に大規模リゾート計画が持ち上がりました。そこで町は、町内の黒曜石原産地遺跡の実態を解明してその保護を図るべく、1993（平成5）年から

24

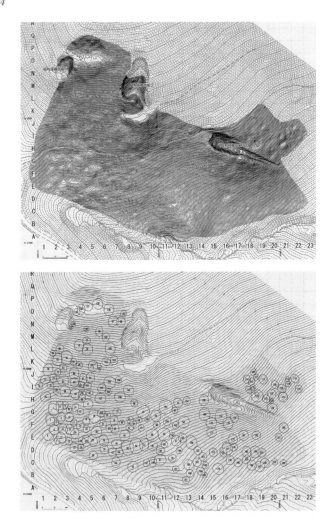

図8 星ヶ塔遺跡のレーザー測量図（上）とそれに基づく採掘坑分布図（下）
黒曜石の採掘坑には深さ3mを越える事例もあります。埋め戻したものもあると考
えられますが、数千年に及ぶ長い年月の経過により、現在多くはごくわずかな窪みと
なっています。したがって、現地を訪問してもなかなか目視での確認は難しいのが現
状です。それでも、静まりかえった山奥に縄文人が黒曜石を採掘にやってきた情景、
そして約100年前に鳥居龍蔵が調査にやってきた情景が生々しく思い浮かぶほど、現
地の静寂さと神秘さはまた格別です。（下諏訪町教育委員会 2014）

分布調査・測量調査・発掘調査などを適宜実施しました。

　星ケ塔遺跡については、1997（平成9）年から窪み地形の場所の特定と範囲の確認作業を進めながら、2003（平成15）年には発掘調査を開始。6カ所のトレンチのうち1カ所で縄文時代晩期の黒曜石採掘坑を確認しました。その後も同様の確認作業と発掘調査を進め、2007（平成19）年には約35,000 m² の範囲に129カ所の窪み地形を確認し、それを50 cm の等高線からなる地形図上に図化しました。

　以上の一連の取り組みにより、星ケ塔遺跡の実態はかなり明らかになったと考えられていました。しかし、50 cm の等高線の地形図では、採掘坑と認定できる窪み地形が明確に表現できないことと、採掘坑と風倒木痕の窪み地形との違いが不明瞭であることから、2013（平成25）年には1 cm の等高線による地形図の作成が可能なレーザー測量を実施しました。この詳細な地形図と、それまでの11カ所の発掘調査成果とを突き合わせることで、採掘坑と風倒木痕の微妙な違いも判別できるようになり、最終的には総数193カ所の採掘坑の存在が確定されました。

　下諏訪町では、鳥居龍蔵以来の100年に及ぶさまざまな調査の歴史を振り返り、星ケ塔遺跡の考古学的価値と歴史的意義をレーザー測量という現代的な手法により再評価をおこない、2014（平成26）年に総括報告書を刊行しました。これに基づき、星ケ塔遺跡は2015（平成27）年3月に国の史跡に指定されました。

すべての史跡は公開すべきか？

　星ケ塔遺跡は、標高1,460 m から1,540 m に及ぶ山深い国有林のなかにあり、さらに急斜面（最大傾斜角度34度）に立地することから、常時誰もが自由かつ安全に見学できる環境にはありません。そこで下諏訪町は、2017（平成29）年4月に下諏訪町埋蔵文

化財センター「星ケ塔ミュージアム」を街中の諏訪大社の近くに開設し、これにより誰もが星ケ塔遺跡の魅力を身近な場所で体験できるようになりました。そのうえで年に数回、希望者を募ってバスなどで安全を確保しながらの現地ツアーも適宜実施しています。

　文化財保護法第4条第2項では、「国民、所有者等の心構え」として文化財の公開を義務づけています。この理念により、国の史跡として指定された遺跡の場合、常時の現地公開は半ば当然のことと考えられています。しかし、アクセスの困難さや立地条件による安全性を考慮するなら、史跡はすべて常時公開すれば良いというわけではありません。このような場合、別の場所で史跡の内容がわかるガイダンス施設の設置などは大変効果的な対応といえるでしょう。

　星ケ塔遺跡の保護に関する取り組みは、遺跡を再評価する手法という観点をはじめ、保存と活用の本質的な在り方を考えるうえでも、注目すべき事例といえるでしょう。

コラム3　旧相模川橋脚を考える──90年後の再評価──

　旧相模川橋脚（神奈川県茅ヶ崎市）は、1923（大正12）年9月1日の関東大震災と、翌年1月15日の余震によって水田に突き出た橋脚の跡です。歴史学者沼田頼輔により、1198（建久9）年に源頼朝の家臣である稲毛重成が相模川に架けた橋の遺構と考証され、1926（昭和元）年に国の史跡に指定されました。

　茅ヶ崎市では、この史跡の整備・活用を目的に2004・2005（平成16・17）年に発掘調査をおこないました。その結果、年代的には鎌倉時代に属すること、橋の構造や構築方法、さらには地震の液状化現象で突き出た橋脚の詳細な状況などが明らかになり、その成果に基づき整備事業を実施しました。

　近年、地震災害の痕跡を文化財として位置づけて保護する取り組みが進んでいます。1995（平成7）年1月の阪神・淡路大震災では野島断層（兵庫県淡路市）が、2016（平成28）年4月の熊本地震では布田川

図9　関東大震災直後に突き出た橋脚（上）と、復元整備された模型の橋脚（下）

史跡旧相模川橋脚に天然記念物的価値があるのではと考え、国の天然記念物への指定に進んだ切っ掛けは、地元茅ヶ崎市の埋蔵文化財専門職員による柔軟な発想からでした。天然記念物旧相模川橋脚は、埋蔵文化財を通じて文化財全般の保護を多角的に考えることにより、その文化財にさまざまな価値（生命）を見出した好例です。（上：茅ヶ崎市教育委員会提供、下：筆者撮影）

断層（熊本県益城町）が国の天然記念物に指定されました。

　関東大震災に関しては、これまで断層など直接土地にその痕跡が残る事例はほとんどありません。その理由としては、地震発生から長い歳月を経ることで、開発事業などにより多くの痕跡が失われたためと考えられます。しかし、旧相模川橋脚の発掘調査によって、これが関東大震災の液状化現象の産物であることが改めて確認されたため、実に約90年を経た2013（平成25）年3月に国の天然記念物にも指定されました。このように、発掘調査は時として従来の評価とはまったく違った成果をもたらすこともあり、それは結果として遺跡に新たな価値を見出すことになるのです。

(3) 加曽利貝塚（千葉県千葉市）

明治・大正・昭和期の発掘調査

　加曽利貝塚が学界にはじめて紹介されたのは、1887（明治20）年3月に上田英吉が東京人類学会の席上で口頭発表したものです。

　最初の発掘調査は、1907（明治40）年に坪井正五郎・大野雲外・江見水蔭などが参加した東京人類学会の第3回遠足会でした。この時の報告では、旧下総国千葉郡一帯に堀之内貝塚・姥山貝塚・山崎貝塚・園生貝塚などがすでに知られるなかで、加曽利貝塚の規模の大きさ、出土遺物量の多さなどから「本邦第一」と評されたことにより、一躍有名になりました。さらに、1922（大正11）年の大山柏などによる地形測量により、貝塚の形状が「凸堤状」に連続して「二個の環形の複合」（現在の北貝塚と南貝塚）と報告され、その特異さが注目されました。

　このような経緯を踏まえ1924（大正13）年、東京帝国大学人類学教室による発掘調査が実施されました。この時の発掘調査では、加曽利貝塚を大きくA～Eまでの5地区に分けることで地点によって出土する縄文土器の様相が異なることが確認され、これが縄文時代中期後半の加曽利E式や後期前半の加曽利B式の型式設定に繋

がりました。なお、加曽利貝塚は加曽利 E 式や B 式の標識遺跡となるわけですが、この時の発掘調査は詳細な報告がなされなかったことから、標識資料が明示されないままそれら型式名が「隠語の如く用いられて今日に至った」という山内清男の話は、考古学界では有名なエピソードです。

昭和期に入っても大山柏の史前学会、第一早稲田高等学院史学部、明治大学考古学研究室などにより、発掘調査は断続的におこなわれました。これにより、魚介類や動物遺存体の分類・分析を通しての食生活の復元や古環境の復元に関する研究も進みました。

1960 年代の保存運動

1960（昭和 35）年、宅地開発を目的に加曽利貝塚の買い上げがはじまりました。これを受け千葉市では、1962（昭和 37）年に遺跡の重要性を喚起すべく北貝塚の発掘調査を実施しました。そして、発掘現場の一般公開、日本考古学協会での報告、度重なるマスコミ報道などによりその重要性が広く知れわたるようになり、1963（昭和 38）年には署名活動を中心に保存運動が全国的に展開。国会でも保存について審議されたことを契機に、千葉市は 1964（昭和 39）年には北貝塚を公有化するとともに、近接地への博物館建設も決定しました。

一方、南貝塚については、加曽利貝塚調査団による発掘調査が 1964（昭和 39）年から開始され、1965（昭和 40）年には北貝塚と同様な経過により保存が決定しました。さらに、その後も遺跡の範囲と内容を確定するための発掘調査は続けられました。その結果、両貝塚を含む国内最大級の集落の全体像が明らかになったことから、まずは北貝塚部分が 1971（昭和 46）年に、次に南貝塚部分が 1977（昭和 52）年に国の史跡に指定されました。

加曽利貝塚の保存運動で注目されることは、市民が遺跡の保存を

図 10 加曽利貝塚の保存署名活動（左）と、加曽利貝塚 PR 大使かそりーぬ（右）
テレビなどがまだ普及していない時代の全国 1 万人を超える署名と国会での保存に関する審議。加曽利貝塚の保存運動は前例のないことばかりで、日本の埋蔵文化財保護にとって大きな転機になりました。加曽利貝塚からは 14 体の丁寧に埋葬されたイヌを検出。縄文時代から続く人間とイヌとの関係性が明らかになりました。これにちなんで加曽利 E 式土器を帽子代わりに被り、大量に出土した巻き貝のイボキサゴをネックレスにした「加曽利イヌ」は「かそりーぬ」というマスコット・キャラクターになりました。（左：千葉市立加曽利貝塚博物館、右：千葉市教育委員会提供）

訴え、それを行政が受け止め発掘調査を実施してその重要性を明示したこと。すなわち、市民と行政が一体となって遺跡保存の取り組みを進めたことです。ちょうど同じ頃、福岡県の大宰府跡でも同様の取り組みがおこなわれたこともあり、これらは日本における遺跡保存のスタイルが確立した出来事と位置づけることができます。

総括報告書作成の取り組みと特別史跡

2006（平成 18）年、千葉県内の貝塚を世界文化遺産に登録しようという話が持ち上がりました。しかし千葉市としては、加曽利貝

塚の世界文化遺産登録ではなく特別史跡指定を目指すことにしました。ところが、この取り組みを進めようとしても、これまでの発掘調査成果の公表は分散的で遺跡の全体像の把握は不十分であり、そのため整備・活用の方向性を検討することは簡単ではありませんでした。そこで千葉市では、2012（平成24）年にこれまでのすべての発掘調査資料（出土遺物と記録類）を再整理し、①加曽利貝塚の全体像把握、②日本列島に約2,400件ある貝塚のなかでの加曽利貝塚の位置づけ、③縄文文化研究における加曽利貝塚の重要性、④文化財保護の歴史としての加曽利貝塚の意義、のおもに4点を整理して総括報告書を刊行することにしました。そして2015（平成27）年には縄文文化研究に関する有識者8名による総括報告書編集部会を立ち上げて検討を深め、2017（平成29）年3月には3分冊約1,300頁に及ぶ総括報告書が刊行されました。

　総括報告書は、第1分冊が加曽利貝塚の発掘調査・研究・保護の経緯と遺構解説、第2分冊が出土遺物の解説と自然科学分析の成果及び外部機関が保有する加曽利貝塚に関する記録と遺物の集約・紹介、第3分冊が発掘調査成果の総括と今後の課題の整理及び保護に関する記録、によって全体が構成されます。特に注目すべきは第3分冊の保護に関する記録で、1960年代当時の保存運動に関する記録の丁寧な収集や国会での答弁内容の公表は、日本における遺跡の保存運動の歴史を検討・検証するうえで、今後不可欠な資料といえます。

　このように千葉市としては、多くの教科書にも掲載される加曽利貝塚をまちづくりの重要なアイテムとして活かすために、過去の資料を丁寧かつ丹念に収集・再整理することで加曽利貝塚の現代的評価に成功しました。これにより加曽利貝塚は、2017（平成29）年10月に国の特別史跡に指定されました。

図11　良文貝塚の貝層観察施設

良文貝塚（千葉県香取市）は、貝塚としては朝日貝塚（富山県氷見市・1922年指定）についで2番目に古く国の史跡に指定されました（1930年指定）。1929（昭和4）年の大山史前学研究所の発掘調査を契機に、地元に発会した「貝塚史蹟保存会」は、遺跡の保存と遺物の公開に関して世代交代を重ねながら約90年にわたり現在もその活動を続けており注目されます。貝層観察施設は1965（昭和40）年頃にこの保存会によって設置されたもので、扉をあけると真正面に生の貝層断面をいまも観察することができます。（筆者撮影）

コラム4　貝塚銀座

　現在、縄文時代の貝塚は日本列島に2,443遺跡あります（文化庁HP）。このうち関東には、千葉県648遺跡、茨城県327遺跡、埼玉県170遺跡、神奈川県131遺跡、東京都90遺跡、合計で1,366遺跡あり、実に日本の貝塚の56％が関東に集中します。

　このなかには、海のない埼玉県があります。約7,000～6,000年前の縄文時代前期、地球温暖化により海水面は現在より2～3mほど高かったと考えられています（縄文海進）。そのため、東京湾は北側に40kmほど深く入り込み、現在の埼玉県まで達していました。このため埼玉

県には縄文時代前期の貝塚がたくさんあります。

　日本で一番貝塚が多い千葉県には、国の史跡に指定されている貝塚も一番多く、特別史跡の加曽利貝塚を筆頭に、犢橋貝塚（千葉市）、荒屋敷貝塚（千葉市）、木月貝塚（千葉市）、花輪貝塚（千葉市）、姥山貝塚（市川市）、堀之内貝塚（市川市）、曽谷貝塚（市川市）、山崎貝塚（野田市）、山野貝塚（袖ヶ浦市）、良文貝塚（香取市）、阿玉台貝塚（香取市）があります。国指定史跡の貝塚は全国に68遺跡（集落遺跡に貝塚が付随する事例も含む）ありますので、千葉県の貝塚は単にその総数のみならず史跡貝塚の多さも傑出していることがわかります。このほかにも、学史的に有名な園生貝塚（千葉市）、余山貝塚（銚子市）、古作貝塚（船橋市）、飛ノ台貝塚（船橋市）、幸田貝塚（松戸市）、貝の花貝塚（松戸市）、荒海貝塚（成田市）、祇園貝塚（木更津市）、西広貝塚（市原市）、山武姥山貝塚（横芝光町）など、考古学関係者なら一度はその名前を聞いたことのある貝塚が多数あります。

　考古学的情報が特に多い貝塚について突出した質・量が所在する千葉県は、まさに「貝塚銀座」と呼ぶにふさわしい地域といっても過言ではないでしょう。

第**2**章　さまざまな目的の発掘調査

　発掘調査は、その目的や体制によって考え方や進め方が大きく異なります。例えば、国宝や重要文化財に指定されている建造物の修理に際しての発掘調査や、かつて存在した建造物を復元整備するための発掘調査は、同じ建造物に関わる発掘調査ですが、その内容と考え方は大きく異なります。また、集落や古墳などの遺跡を復元整備する場合も、記録保存調査とはまったく異なる視点や手法での発掘調査となります。ここでは、保存目的調査の考え方と手法を整理・紹介します。

　このほかに、大学がおこなう発掘調査には2種類の発掘調査がありますが、大学関係者以外ではあまり知られていません。また、宮内庁がおこなう陵墓関係の発掘調査の目的や体制、さらには公開・活用の実態についても、やはりあまり知られていません。そこで本章では、あまり知られていない発掘調査についても考えてみます。

1.　文化財建造物の修理と発掘調査

　近年、文化財としての建造物を解体修理する際には、多くの場合同時併行でその直下にある遺跡の発掘調査がおこなわれます。これにより、その建造物の基礎構造や前身建造物の実態、あるいはそれ以前の当該地の歴史なども明らかになります。文献史料だけでは得ることのできない多くの情報をもたらす発掘調査の重要性が、建造物の解体修理に際していま大いに注目されています。

(1) 瑞巌寺本堂 （宮城県松島町）

瑞巌寺の歴史と平成の大修理

　瑞巌寺が造営された場所には、中世の13世紀後半に円福寺が存在していました。周辺には同時期に掘削されたやぐら（石窟）や設置された板碑が現在も多数残り、『遊行上人縁起絵』には14世紀の隆盛を示す円福寺の全容が描かれています。

　瑞巌寺本堂は、伊達政宗が中世に栄えた円福寺の復興を目指し、1609（慶長14）年に建立した桃山様式の典型とされ、松島青龍山瑞巌円福禅寺とも称されました。1900（明治33）年4月に重要文化財に、1953（昭和28）年3月には国宝に指定されました。瑞巌寺ではこのほかに、国宝瑞巌寺庫裡及び廻廊、重要文化財瑞巌寺御成門、重要文化財瑞巌寺中門、重要文化財瑞巌寺五大堂といった指定文化財があります。

　この本堂については、400年の歳月を経るなかで、慶安3〜5(1650〜1652)年、寛文7（1667）年、天明5（1785）年、天保元〜6（1830〜1835）年、明治34〜36（1901〜1904）年に大きな修理をおこなってきました。しかし、2003（平成15）年の宮城県北部地震に伴う被災状況調査に際して、礎石の不等沈下や柱に傾斜や歪みが確認されたため、2008（平成20）年から10年かけて全解体修理を実施することになりました。この修理については、地盤の強化と安定のためにコンクリートベタ基礎を新たに構築する必要が生じました。そこで、本堂の地下遺構の現状を確認するための発掘調査が、2011（平成23）年5月からはじまりました。

中世円福寺の実態解明

　発掘調査では、まず本堂の礎石壺事業の範囲や足場穴を検出し、それらには中世に用いられた板碑や五輪塔の部材が転用されていることがわかりました。また、本堂縁辺部ではおもに創建時のものと

考えられる石敷きも確認できました。

　中世の遺構については、近世の遺構を避けながら限られた範囲を掘り下げ確認するに留めました。それでも、13〜16世紀のⅠ〜Ⅴ期に及ぶ遺構群として、礎石建物4棟、掘立柱建物3棟以上、階段状遺構、石組、石組を伴う池、井戸、鍛冶炉、土坑、溝などを検出しました。その結果、円福寺の伽藍配置がある程度明らかになることで、円福寺の位置は瑞巌寺本堂の直下にあり、建物も同じ方向を向くことが判明しました。特に、Ⅲ・Ⅳ期（14世紀前葉〜15世紀代）には礎石回廊が造営され、そのなかでもⅢ期には本瓦葺建物が、Ⅳ期には瓦は葺かれませんが床が四半敷の建物や正面18mの五間堂が存在しており、当時の壮大な伽藍の様子をうかがい知ることができます。

　以上のように円福寺の発掘調査成果は、中世の五山制度の整備に

図12　瑞巌寺発掘調査風景

現在の礎石の下位より、15世紀代の円福寺関連の四半敷が確認されました。（松島町教育委員会 2014）

伴い普及した地方の禅宗寺院の実態を知る上で貴重です。さらに、現状では五山・十刹といった中央の有力寺院で伽藍が遺存するものはなく、また発掘調査実績もわずかにしかないことから、京都・鎌倉における五山寺院の在り方を考える上でも、極めて重要なものといえます。

(2) 龍福寺本堂（山口県山口市）

龍福寺の歴史と平成の大修理

龍福寺本堂は、大友氏滅亡後の跡地に建立されました。しかし、この本堂は1881（明治14）年に焼失したため、龍福寺は1883（明治16）年に隣村の興隆寺の釈迦堂を購入・移築し、それが現在の龍福寺本堂になってます。このように移築時期は新しいとはいえ、興隆寺釈迦堂としての建立は1479（文明11）年か1521（大永元）年とされ、桁行5間、梁行5間の入母屋造りの和様を基調とした建物は室町時代の構造や意匠をよく伝えるものとして、1954（昭和29）年に国の重要文化財に指定されました。

龍福寺本堂の屋根の葺き替えは1957（昭和32）年におこなわれましたが、2001（平成13）年の芸予地震を契機に瓦の緩みによる雨漏りが目立つようになりました。そこで、2005（平成17）年から本堂の半解体修理が始まりました。しかし、この修理作業の過程で建物の傷みが予想以上であることが判明したため、2007（平成19）年からは全解体修理へと方向転換することになりました。

ここに至り以下の理由から、最大限地下遺構を保存しながら2008（平成20）年1月から全面発掘調査を実施することになりました。

①全解体修理に伴う不等沈下防止としての地盤強化工事が必要になり、現本堂のすべての礎石を一旦取り外すため、礎石の構築手法を含めた構造の把握が必要になった。

②旧本堂の遺構を一部破壊する可能性が生じたため保存措置が必

要になった。

③当該地は史跡大内氏館跡の中心部に相当し、その関連遺構の保存措置も必要になった。

大内氏館はどこへ？

発掘調査はまず、本堂縁側部分に小規模なトレンチを入れ、その後本堂礎石間にも同様なトレンチを入れて基本層序や各時代の遺構の深度を確認し、それから全面的な発掘調査へと進みました。

遺構面は上位から下位へ5面、現本堂基壇上面、現・旧本堂礎石据え付け面、近世整地層上面、大内氏館跡後半期面、大内氏館跡前半期面からなります。このうち、上位3面までの基壇などについては脆弱で地耐力が保証できなかったため、修理建物の安全性を優先させるべく記録保存調査を実施しました。大内氏後半期面については遺構検出に努めて遺構内掘削を最低限に留め、大内氏前半期面については部分的なトレンチ調査に限定しました。また、土層観察用畔については後世の再検証を目的に、これも極力現状保存としました。

この発掘調査では、おもに以下の成果が得られまし

図13 龍福寺本堂発掘調査風景
発掘調査では上位遺構を残しながら、それが存在しない場所だけを掘り下げました。（山口市教育委員会 2011）

た。

①当該地は大内氏館跡の中心地と考えられていたが、それに関連する明確な遺構は検出できなかった。

②旧龍福寺本堂は桁行9間、梁行7間の本堂様式に復元できたが、これは文献史料の記述とほぼ一致した。

③旧龍福寺本堂の建立年代は不明であったが、発掘調査により18世紀前半が下限年代と判明し、文献史料の1740（元文5）年の落成記事と一致する。

このように、龍福寺本堂の解体修理に伴う発掘調査を通じて、旧龍福寺本堂の構造や建立年代が文献史料の内容と一致することで、これらの歴史的な事象が確定的になりました。さらに、これまで当該地は大内氏館の中心地と考えられていた仮説に対しては、再考を促す貴重な機会にもなりました。

コラム5　埋蔵文化財専門職員と学芸員

　博物館法（第4条第3項）では「博物館に、専門的職員として学芸員を置く」ことが義務づけられています。この場合の「学芸員」とは、文部科学省が所管する博物館業務関連の国家資格を有する専門職員のことであり、それは大学などでも取得することができます。

　地方公共団体では、博物館に属さなくとも、あるいは学芸員資格を有さなくとも、埋蔵文化財専門職員を学芸員という職名に位置づけることがあります。これは採用試験に際して学芸員資格の保有がその条件になることや、文化財に関する専門性を有する人を資格の有無に関係なく学芸員と呼称したことによると考えられます。何かの規定に基づくものではありませんが、専門性を可視化するという意味においては有効な手段といえるでしょう。しかしそれによって、かつては学芸員資格を有していれば、考古学を学んでなくとも発掘調査ができるという誤解も少なからずありました。

　埋蔵文化財専門職員に付される学芸員という職名は、日本独自のも

のです。これは埋蔵文化財専門職員に明確な資格がないために生じた現象ですが、博物館学芸員との間で誤解が生じる場合もあるので、採用試験時の取り扱いを含め今後何らかの整理が必要でしょう。

2.　復元整備に欠かせない発掘調査

　一般的に発掘調査に際して検出される遺構は、集落の場合はかつて存在した建造物（竪穴建物を含む）などの床面や基礎部分だけであり、古墳の場合はかつて樹立していた埴輪や貼られていた葺き石のごく一部だけということになります。したがって、遺跡の理解においては、本来存在したこれらの上部構造を忠実に復元整備することが大変重要になってきます。

　文化庁では、史跡地内における本来の姿への復元整備について、それが史跡の理解にとってきわめて有益な手法として位置づけています。そこで、それを実現するための前提として、発掘調査成果を大変重視しています。ここではその具体的な事例を紹介しながら、発掘調査と復元整備との関係性について考えてみます。

(1)　伊勢堂岱遺跡（秋田県北秋田市）
伊勢堂岱遺跡の発見と大幅な計画変更

　伊勢堂岱遺跡は、標高 40〜45 m の舌状丘陵先端部に構築された縄文時代後期前葉の 4 基からなる大型環状列石群です。北海道南部（道南）から東北北部（岩手県と秋田県の北部）にかけては、縄文時代後期前葉を中心に一部晩期に属する径 30〜40 m の大型環状列石が分布する地域です。通常、縄文時代の遺跡は貝塚を除いてそのほとんどが地下に埋もれています。そのなかにあって、人頭大以上の膨大な数の自然礫を環状に配置するような遺跡はほかに類例がなく、視覚的な迫力と性格が不明瞭な神秘性から「縄文のストーン

サークル」などとも呼ばれ注目されています。

　大館能代空港（通称：あきた北空港、1998 年開港）の建設に際し、国道 7 号と空港を結ぶアクセス道路の整備事業が計画されました。そこで秋田県埋蔵文化財センターが1994（平成 6）年に試掘・確認調査を、1995・1996（平成 7・8）年に記録保存調査を実施したところ、最大径 32 m の環状列石 A と環状列石 B の一部を検出しました。さらに、周辺に別の環状列石の存在が想定されたことから、発掘調査ではなく人力でピンポールによるボーリング調査をおこなったところ、環状列石 A の南側に最大径 45 m の環状列石 C が発見されました。前例のない複数環状列石の存在とその規模と遺存状態の良さから、秋田県は 1996 年 11 月にこれら環状列石群の現状保存を目的にアクセス道路の路線変更を決定しました。

　1997（平成 9）年からは、北秋田市（旧鷹巣町）が範囲と内容を確認する保存目的調査を実施しました。そこでさらに範囲を広げてボーリング調査を進めたところ、環状列石 C の南側に最大径 36 m の環状列石 D を発見するに至りました。このことを踏まえ、伊勢堂岱遺跡は 2001（平成 13）年に国の史跡に指定されました。

発掘調査が大型環状列石のイメージを変える

　近年、東北北部では縄文時代後期前葉土器の編年研究が進み、伊勢堂岱遺跡は 4 段階の変遷をたどることが明らかになりました。すなわち、もっとも規模の大きい環状列石 C はこの 4 段階全期間にわたって存続します。そして、環状列石 A と D は 2・3 段階に、環状列石 B は 3・4 段階に限って存続し、それぞれに存続期間は異なりますが、3 段階の時だけ 4 基の環状列石が同時共存していたことがわかりました。

　環状列石に沿ってその外側には、6 本柱の亀甲型の掘立柱建物が多数廻ります。この掘立柱建物については、これまで環状列石自体

図14 伊勢堂岱遺跡の復元整備（上）と、建設途中で残った道路橋脚（下）
約4,000年前の環状列石に保存処理を施すことで、列石の実物をそのまま露出して整備することが可能になりました。掘立柱建物は柱穴を3通りの手法で復元しています。伊勢堂岱遺跡は道路建設がかなり進んだ段階で現状保存が決まり、道路については大幅な路線変更をおこないました。そのため、道路橋脚は完成したままの状態が現在も残っています。この道路橋脚はある意味、伊勢堂岱遺跡を保存したことの象徴であることから、今後はモニュメントして活用されることを期待します。（筆者撮影）

が葬送儀礼施設や祭祀施設と考えられていたことから、それに関連した「殯屋^{もがりや}」とする説が一般的でした。しかし、伊勢堂岱遺跡では、環状列石の外側に多数確認されていた焼土遺構と掘立柱建物との位置関係を確認したところ、多くの場合、焼土遺構が掘立柱建物の中央部に位置することが判明しました。すなわち、この焼土遺構は掘立柱建物の地床炉であることから、掘立柱建物はほとんど削平されずに遺存した平地式住居と考えられるようになりました。これにより、環状列石は環状集落という居住域の内部に構築された施設という可能性も出てきました。

　出土遺物については、例えば土偶などの祭祀遺物も、これまで環状列石に沿って集中的に出土するイメージがありました。しかし、今回その出土地点を改めて詳細に分析したところ、局所的に集中することはなく遺跡全体に満遍なく出土していることがわかり、これら祭祀遺物と環状列石との関係も再考が求められるようになりました。ただし、環状列石の内部では通常の土器や石器も出土は極めて少なく、環状列石内部の性格を考えるうえで重要な情報を得ることができました。なお、土偶については大型不正形土坑墓からの出土事例が多く、その使用目的が注目されます。

　環状列石を構成する礫については、米代川などの河川敷から採集・運搬されたと考えられます。しかし、その範囲は遠いところで遺跡から5〜6kmもあり、そのうえ環状列石のある丘陵との比高差は18mもあることから、環状列石の構築作業量は多大であったと考えられます。

伊勢堂岱遺跡の復元整備とガイダンス施設

　伊勢堂岱遺跡は、環状列石の実物露出展示を実現するために、列石のサイズ・種類・遺存状態などのデータ化と、遺跡地の土質・水質分析や地下水位調査などを踏まえ、列石自体の洗浄、強化・接

合、固定処置などの保存処理をおこないました。掘立柱建物については、周辺の豊かな自然環境を視覚的にさえぎらないという考えに基づき、上屋（構造物）は復元しませんでした。その代わりに柱穴を、①発掘作業時にそのプランを検出した状態、②発掘作業時に柱穴を掘り下げた状態、③柱穴に柱が建っている状態、の3通りに復元して、発掘作業の手順や掘立柱建物の平面的な規模と構造がわかる工夫をおこないました。

　ガイダンス施設（伊勢堂岱縄文館）は、環状列石からは見えない丘陵の下に建設されました。周辺の景観に配慮しながら冬期の積雪にも対応した外観、空調などの各種機器類が露出しない室内環境、光熱費の低コスト化を踏まえたうえで、一体化した受付・ミュージアムショップ・ボランティア室兼事務所、講演会や体験学習ができるエントランスホール、そして展示室などが上手く配置されています。展示では伊勢堂岱遺跡の解説に特化していますが、市内の縄文時代遺跡から出土した遺物も併せて展示することで、質・量ともに厚みが増しました。

　伊勢堂岱遺跡には、環状列石の実物を現地で露出展示するという迫力と個性があります。したがって、それ以外の復元整備は極力控え、ガイダンス施設もできるだけわかりやすさを追求しつつもシンプルなものとしました。遺跡自体のもつ情報から、復元整備やガイダンス施設とのバランスや在り方を考える復元整備の好例として注目されます。

(2)　亀塚古墳（大分県大分市）

亀塚古墳と公園整備事業

　亀塚古墳は、別府湾に面した標高43mの丘陵先端部に立地する、古墳時代中期前半に属する墳長116mの大型前方後円墳です。亀塚古墳が所在する別府湾南岸の大分平野では、古墳時代前期から

中期にかけて亀塚古墳を含め11基の前方後円墳を中心とした首長墓が連綿と築造されます。そのなかでも亀塚古墳は突出した規模を有した中核的存在であり、当該地域の古墳時代の実態解明においては不可欠な古墳とされていました。しかし、発掘調査実績がなかったため正確な所属年代や規模や構造などについては不明な部分も多々ありました。

　そこで大分市では、大分県下最大規模の前方後円墳であるこの亀塚古墳の実態解明と、亀塚古墳の復元整備を中心に1994（平成6）年に策定した蓬莱自然公園整備計画の実現にむけて、亀塚古墳の発掘調査を1993・1994・1996・1997（平成5・6・8・9）年に実施しました。

大首長墓・亀塚古墳の実態解明

　4回に及ぶ発掘調査により亀塚古墳は、前方部・後円部とも3段に築造され、墳丘の全面には葺石が貼られ、テラス部には朝顔形埴輪を挟みながら円筒埴輪列が巡る構造が明らかになりました。そして、墳丘の西側くびれ部の前方部寄りには、9.5×8.0ｍの造り出しが構築され家形埴輪などが出土しています。

　後円部では2基の主体部が確認されました。第1主体部は、9×7ｍの楕円形の墓坑に埋設された3.2×1.0ｍの大型の箱式石棺墓で、大きく盗掘を受けているものの、鉄剣片4点、鉄刀片11点、鉄鏃片7点、鉄製短甲片4点のほかに、滑石製勾玉428点、滑石製臼玉7点、滑石製管玉4点、碧玉製管玉5点などが出土しました。

　第2主体部もやはり大きく盗掘を受けていました。しかし、4.0×3.0ｍの楕円形の墓坑には、刳り抜き式の石棺を伴う2.0×0.8ｍの小口積式石室が埋設されていました。遺物は少なく、わずかに滑石製勾玉1点と碧玉製管玉1点だけです。第2主体部は第1主体部の墓坑を切っていることから第1主体部に後出するという先後関係

があります。

　後円部墳頂部からは、家形埴輪と船形埴輪が出土しています。このほかに円筒埴輪には、船やスイジガイ的なモチーフの線刻文様が施される事例が多いことが特徴です。所属年代は5世紀前半代と考えられています。

　なお、亀塚古墳の北35mには前方後円墳である小亀塚古墳が存在しますが、削平が著しく墳長は35m以上はあったようです。墳丘には葺石はなく、主体部は箱式石棺墓と考えられますが、盗掘により墓坑の一部しか確認できませんでした。所属年代は5世紀後半代と考えられています。

亀塚古墳の復元整備とガイダンス施設

　かつて古墳の復元整備といえば、葺石や埴輪を墳丘全体に完全復元することが主流でした。しかし亀塚古墳では、完全復元だと維持管理や修理にかかる手間と費用が多額になる可能性を考慮しつつ、葺石が全面に貼られていた事実と、朝顔形埴輪を挟みながら円筒埴輪が巡る状況などが視覚的にわかる工夫をしました。すなわち、亀塚古墳へのアクセスとなる南西方向からみた場合、葺石が全面に貼られていたことを示しながら、なおかつ見応えのある部分としてくびれ部と造り出しを中心とした範囲のみ完全復元をおこないました。また、前方部と後円部の一部には、葺石が崩落してテラス部分にしか葺石が遺存していない状況も忠実に復元しました。そしてそのほかの部分については芝を貼りました。なお、後円部の主体部については、箱式石棺墓を有した第1主体部のみ復元してその構造がわかるようにしました。

　亀塚古墳の南50mの丘陵下には、ガイダンス施設としての海部古墳資料館があります。このガイダンス施設はその名が示すように、旧海部郡（古代行政区）の古墳時代を総合的に紹介した資料館

図15　亀塚古墳の墳丘復元整備（上）と、後円部主体部の復元整備（下）
亀塚古墳の復元整備は、視覚的にもっとも迫力のある前方後円墳のくびれ部と造り出し部分を中心に、葺石や埴輪を忠実に復元しました。また、後円部の墳頂部で検出された大型の箱式石棺墓や埴輪はFRP（繊維強化プラスチック）で復元し、築造当時の状況を再現しました。なお、写真からもわかるように、古墳時代中期前半までの古墳は眺望の良い高台に築造されることが特徴の一つです。（筆者撮影）

です。展示は、Ⅰ：古墳時代と世界のうごき、Ⅱ：古墳づくりとムラの生活、Ⅲ：亀塚古墳の世界、Ⅳ：黄泉の国へのいざない、Ⅴ：古墳のムラとまつり、という5部構成です。このなかでも、Ⅰにおける世界→日本列島→大分県→大分市→旧海部郡と段階的に地域を絞りながら説明する工夫は、古墳時代における亀塚古墳の考古学的な位置をわかりやすく示しています。

(3) 出島和蘭商館跡 (長崎県長崎市)

出島の歴史と明治期の改変

　出島は、江戸幕府の禁教政策に基づきポルトガル人と日本人の接触を防ぐために、幕府が長崎の有力町人25人に出資・築造させた人工島です。1634 (寛永11) 年に着工、1636 (寛永13) 年に竣工し、1639 (寛永16) 年にはポルトガル船の来航禁止とポルトガル人の国外追放により鎖国が完成すると、一時無人島になります。しかし、1641 (寛永18) 年に平戸のオランダ商館が出島に移転してからは、幕末の1858 (安政5) 年の開国まで218年間、出島はヨーロッパに開かれた日本唯一の日蘭貿易の拠点となりました。

　開国後、出島にはオランダ領事館が開設されました。1866 (慶応2) 年には外国人居留地となり、1875 (明治8) 年には出島教会が、1877 (明治10) 年には旧出島神学校が建設され、土地は民間による分割所有となります。この頃から出島の周囲は徐々に埋め立てが進み、特に、1888 (明治21) 年からの中島川の変流工事による出島北側の削平と、1897 (明治30) 年からの第二期長崎港湾改良工事によって出島の周囲は完全に埋め立てられ、出島の内陸化が完成しました。

　このように、出島は明治期の近代化の波に飲み込まれながらも、1919 (大正8) 年に制定された史蹟名勝天然紀念物保存法に基づきその歴史性が高く評価され、1922 (大正11) 年には「出島和蘭商

館跡」として史跡に指定されました。しかし、出島が整備に向けて動き出すのは戦後からで、長崎市は 1952（昭和 27）年から公有化を進めつつ、1969（昭和 44）年に本来の出島の範囲を確定するための発掘調査をはじめました。

出島における発掘調査の難しさ

　出島の発掘調査は大きくは出島の範囲確認目的と、出島内部の建物の位置と構造確認目的とに分かれます。

　前者は、埋め立てられた出島の本来の範囲を確認するための発掘調査です。1969（昭和 44）年と 1984（昭和 59）年から 3 カ年の発掘調査によって、出島の北側を除く 3 方向の護岸石垣が確認され、出島の本来の範囲が確定されました。また、1989（平成元）年の表門部分の発掘調査により、江戸時代の遺構が良好に遺存していることが確認されました。これらの発掘調査成果は、その後の出島の整備の方向性を決めるうえで重要な情報となりました。

　後者は、第 I 期建造物復元事業に伴い 1996（平成 8）年から実施された一番蔵跡・二番蔵跡・中央道路跡・南側護岸石垣東部の発掘調査、第 II 期建造物復元事業に伴い 2001（平成 13）年から実施されたカピタン部屋跡・乙名部屋跡・拝礼筆者蘭人部屋跡・南側護岸石垣西部の発掘調査、第 III 期建造物復元事業に伴い 2010（平成 22）年から実施された十四番蔵跡・銅蔵跡・組頭部屋跡の発掘調査、第 IV 期建造物復元事業に伴い 2012（平成 24）年から実施された十五番蔵跡・町人部屋跡・番所跡の発掘調査がそれに当たります。

　出島は、1798（寛政 10）年の大火をはじめ何度か火災に見舞われました。そのため同じ生活面が繰り返し使用されることから、約 200 年に及ぶ生活の痕跡が単一の遺構面として遺存します。その結果、発掘調査では同一の遺構面においてさまざまな時代の遺構が検出されるため、同一時期に存在した遺構の認定は極めて難解です。

しかし、土層観察用畦を最大限残しつつ遺構掘削も最小限に留めながら、その上で、出島という特別な歴史性から残された膨大な資料群と発掘調査成果との詳細な検討により、建造物復元整備事業を進めてきました。

出島の復元整備の考え方と課題

前述したように、出島についてはその特別な歴史性から、絵図・地図・絵画・写真・模型・史料などが膨大にあります。そこでこれらの資料群と発掘調査成果に基づき、史跡出島和蘭商館跡では往時の姿をもっとも忠実に復元することができる19世紀初頭の景観復元を整備の柱としました。これにより、多くの建造物の復元事業を進めましたが、発掘調査によって正確な場所や構造がわからない場合は、文化庁が示す「史跡等における歴史的建造物の復元等に関する基準」に基づき建造物の復元はおこなっていません。

史跡出島和蘭商館跡の今後の課題としては、おもに以下の4点が挙げられます。これらの課題を克服・解消するには、今後何十年という長い年月がかかるかもしれません。しかし、日本の歴史における出島の重要性を考慮するなら、それは誰もが認め納得する取り組みといえるでしょう。

①小学校の教科書にも登場する出島の歴史性に鑑みた特別史跡指定、及び往時の出島における貿易の実態や日常生活などを示す出土遺物の重要文化財指定。

②復元した建造物の維持管理と修理、及び恒常的・安定的な予算の確保。

③北側（中島川側）を中心とした出島本来の範囲までの追加指定。

④復元整備に留まらない「出島（学）研究所」（仮称）の設置。

図16 出島和蘭商館跡の復元建造物（上）と、本来の出島の範囲の道路面表示（下）

出島の復元建造物群は、発掘調査や史料調査の成果に基づき、シーボルトなどが活躍した19世紀初頭の景観を忠実に復元しています。しかし、一部の訪問者には映画のセットのように見えるそうで、さらなる広報と周知が期待されます。また、誰もが知っている扇形の形状も、現在では開発が進みわかりにくくなっています。そこで、随所に道路の舗装方法を変えて表示をするなど（白破線部分）、本来の出島の形状を示す工夫がみられます。（筆者撮影）

コラム6　復元建造物を考える

　一般的に遺跡における復元建造物は視覚的な効果が大きく、それが歴史的に適切なものであれば、文化財の活用という観点において極めて有益です。文化庁が2020（令和2）年4月に改訂した「史跡等における歴史的建造物の復元等に関する基準」において、歴史的建造物の復元とは「今は失われて原位置に存在しないが、史跡等の保存活用計画又は整備基本計画において当該史跡等の本質的価値を構成する要素として特定された歴史時代の建築物その他の工作物の遺跡（主として遺構。以下「遺跡」という。）に基づき、当時の規模（桁行・梁行等）・構造（基礎・屋根等）・形式（壁・窓等）等により、遺跡の直上に当該建築物その他の工作物を再現する行為をいう。」と定義づけられています。ここでいう「遺跡の直上」は「遺構の直上」と読み替えることができますが、その根拠・証明としては「発掘調査等による当該歴史的建造物の遺跡に関する資料等」がもっとも重視されています。

　建造物の素材の大部分が遺存しにくい木造である日本では、史跡整備に際しての復元建造物の活用がもはや不可欠な存在になりつつあります。この時もっとも重視されるのが本来の位置（原位置）であり、その情報は発掘調査によってしか得ることができません。言い換えるなら、発掘調査によって原位置が確認されない場合、建造物の復元は好ましくない、あるいはすべきでないということになります。

　なお、この文化庁の基準では、復元建造物については「考古、文献や建造物等の分野の専門家も含め、具体的な規模・構造・形式等を多角的に検証・実施できる体制を整備し、検討を行い、関係者間において合意が形成されていること」も重視しており、考古学の重要性が強く示されています。

(4) 五稜郭跡・箱館奉行所跡（北海道函館市）

幕末・維新期の箱館奉行所と整備計画

　1854（安政元）年に締結された日米和親条約により、下田（伊豆）と箱館が開港され、江戸幕府は箱館に港湾防備、ロシア南下に伴う北辺警備、蝦夷地開拓などを目的とした箱館奉行を設置しまし

た。そして、港から離れた内陸部の亀田において、1857（安政4）年から五稜郭の建設工事が始まり、1864（元治元）年にはその内部に箱館奉行所及び25棟ほどの附属棟が配置されました。しかし、1867（慶応3）年の大政奉還により、箱館奉行所は1868（慶応4）年4月には明治政府の箱館裁判所になりますが、1868（明治元）年10月には箱館戦争の勃発により旧幕府軍が五稜郭を占拠しました。その後、箱館周辺で旧幕府軍の新選組土方歳三が戦死するなど激しい戦闘が繰り広げられます。そして、1869（明治2）年5月には五稜郭が明治政府軍に明け渡されることで、箱館戦争は終結を迎えました。

箱館奉行所は、北海道開拓使札幌本庁舎新築のため、1871（明治4）年に部材転用を目的に解体されました。なお、五稜郭自体は1873（明治6）年に明治政府陸軍省の所管となり練兵場として使用されましたが、1913（大正2）年には当時の函館区に無償貸与され、翌年からは公園として一般に開放されました。そして1922（大正11）年には北海道で2番目の国の史跡「五稜郭跡」に、1952（昭和27）年には北海道で初めての特別史跡に指定されました。

発掘調査については函館市が、箱館奉行所跡を中心に遺構の遺存状態を確認する発掘調査を1983（昭和58）年から1989（平成2）年まで、五稜郭跡全体の整備事業に伴う基礎的な情報収集を目的とした発掘調査を1993（平成5）年から2000（平成12）年まで、そして復元整備を予定していた箱館奉行所跡の位置と構造に関する正確な情報収集を目的とした発掘調査を2005・2006（平成17・18）年に実施しました。

発掘調査と復元整備の関係性

箱館奉行所跡の発掘調査は、1986・87（昭和61・62）年の発掘調査において規模や部屋割りの位置関係についてはすでにおよそ把

図17　五稜郭（上）と箱館奉行所古写真（中）と復元箱館奉行所のビューポイント（下）

五稜郭の中央部（矢印）にある箱館奉行所。復元は発掘調査と古写真を含めた史資料調査の成果に基づき忠実におこなわれました。路面にカメラの標示。ここに立って撮影すると、古写真と同じアングルの箱館奉行所が撮れます。休日はここからの撮影を待つ人の行列ができるほど。少しの工夫で、訪問者の意識が変わります。（上・下：筆者撮影、中：函館市中央図書館提供）

握できていました。しかし、箱館奉行所跡のうち建造物の復元事業
を予定していた範囲については、その基礎構造に関する十分なデー
タがありませんでした。そこで2005・2006（平成17・18）年の発
掘調査では、基礎地業全体の構造や礎石抜き取り跡の詳細なデータ
の抽出・収集を目指しました。その結果、柱間については6尺（約
1.818 m）を基本単位として、各所で10尺（約3.030 m）、4尺5寸
（約1.363 m）、4尺（約1.212 m）の寸法が確認されました。これら
の寸法は、絵図面や文献史料に記載された寸法とほぼ合致してお
り、これによりかつての箱館奉行所の正確な位置・構造・規模が明
らかになり、より精度の高い建造物復元事業の実現が可能になった
のです。後述するように、古写真の情報から箱館奉行所の復元を
おこなう場合、発掘調査の成果はもっとも基本的・基礎的な情報と
して極めて重要な位置にあるということができます。

箱館奉行所の復元整備事業と活用

　2005（平成17）年から2010（平成22）年まで実施された箱館奉
行所の建造物復元事業では、1866（慶応2）年頃に南西方向から撮
影されたと推測される古写真が重視されました。復元部分はこの古
写真に写り、なおかつ詳細な発掘調査成果が得られている箱館奉行
所の南西部側の役所部分が対象となり、その反対側、すなわち写真
に写らない役宅部分は復元をおこなわず部屋割りの表面表示に留め
ました。実際の建造物の縦方向、すなわち高さやその寸法の復元に
ついては、撮影位置やカメラレンズの高さや角度を考慮しながら単
写真解析や透視図法解析をおこない、より正確な数値を算出しまし
た。このような緻密な復元事業が実現できた理由としては、やはり
精度の高い発掘調査成果があったからといっても過言ではありませ
ん。正しい位置・構造・規模のデータがあったからこそ、さまざま
な解析が可能になったのです。

　なお、この復元事業で判明した撮影場所には、撮影ポイントとしてのマークが表示され重要な観光の要素にもなっています（図17下）。

コラム7　鉄骨鉄筋コンクリート造天守「RC 造天守」を考える

　日本人は城好きです。特に、白亜の天守は地域のランドマークであり、郷土愛の醸成や地域史の象徴として特別な存在です。しかし、この天守については、近世のものがそのまま現存する事例は全国に 12 件しかなく、それらはすべて国宝か重要文化財に指定されています。それ以外の約 80 件の天守は、一部の木造を除いて大部分は 1950 年代後半から 1960 年代を中心に復元された RC（鉄筋コンクリート）造天守です。

　復元された天守のうち、発掘調査成果に基づき原位置に建造された事例はほとんどありません。またそれらはほぼ、およそ本来の場所に存在した天守の情報を参考に外観だけを模した復興天守や、場所も外観も明確な根拠のない模擬天守です。場合によっては、これらが城跡の国の史跡地内に指定以前から存在している事例もあります。さらに近年は、RC 建造物の法定耐用年数が 47 年とされていることから、老朽化対策が喫緊の課題になっている事例も少なくはありません。

　このように課題の多い RC 造天守ですが、前述したように、現代の日本においては各地における歴史と文化の構成要素として果たしてきた役割は看過できません。なかには 1931（昭和 6）年に復元された大坂城天守のように、歴史的景観の形成に寄与する近代の建造物として評価され、国の登録有形文化財（建造物）に登録された事例もあります。そこで文化庁では、この RC 造天守の取り扱いについて、「史跡等における歴史的建造物の復元の在り方に関するワーキンググループ」を 2018（平成 30）年 9 月に設置して検討を進めています。

図18　国宝松本城・史跡松本城跡
国宝や重要文化財の天守が現存する城跡は、ほとんどの場合国の特別史跡や史跡に指
定されていますが、このことはあまり知られていません。逆に、特別史跡や史跡の城
跡にある天守はRC造天守であっても、多くの場合それは国宝や重要文化財と思われ
がちです。それだけ天守は日本人に愛されているからなのか、あるいは行政側の周知
不足なのか、悩ましい問題です。(筆者撮影)

3. 大学がおこなう多様な発掘調査

　大学が主体的におこなう発掘調査は、一般的には学術目的調査と
思われがちです。しかし実際には、行政目的調査も少なくはありま
せん。大学がおこなう行政目的調査。少し違和感のあるこの内容
と、大学がおこなう学術目的調査の実態について整理してみます。

(1) 大学調査組織の実態

大学における発掘調査の歴史

　明治期以降の日本において、近代的な発掘調査を長く担ってきたのは大学でした。もちろん、地方ではその地域の研究団体や在野の研究者がそれを担うこともありました。戦後はこれに各地の高等学校も加わりました。

　1950 年代、大学に考古学の講座や研究室が開設されだすことで、考古学実習といった授業の一環として、あるいは純粋な学術目的としての発掘調査が大学主催でおこなわれるようになりました。しかし、徐々に開発事業が増えだした 1950 年代の後半より、例えば高速道路建設や宅地開発などに伴う行政目的調査を、大学が委託を受けて実施する事例も散見されだします。ところが、大学が委託を受けるといっても対応は夏季や春季の休暇中に限られるため、文化財保護委員会（現文化庁）は行政機関が常時対応することを前提とした「1964 年 2 月文化財保護委員会事務局長通知」を発出しました（『入門』第 2 章参照）。これにより 1960 年代の後半以降、大学の発掘調査は一部に行政目的調査を依頼されて実施する事例も残りましたが、徐々に学術目的調査が中心になりました。

大学がおこなう行政目的調査

　ところで、大学が校舎などの施設を新設する場所、あるいは建て替える場所が周知の埋蔵文化財包蔵地である場合、当然法第 93 条が適応されることになります。そして、計画変更などの調整をおこなってもやむを得ず遺跡が破壊される場合は、記録保存調査が必要になります。問題はこの記録保存調査を誰が実施するかです。方法は二つ。一つは当該教育委員会など外部組織に委託するのか、もう一つは大学独自の発掘調査組織を設立して対応するのかです。

　大学の発掘調査組織は、1970 年代に関東や関西の大学で設置さ

れだし、1990年代前半までに全国の大学に広がりました。ピーク時は全国に20を超える大学に発掘調査組織がありましたが、2000年後半以降、発掘調査件数の減少とともにそれを解散する大学も増え、現在では国立15大学、私立1大学の合計で16大学になりました（北海道大学・東北大学・東京大学・金沢大学・京都大学・同志社大学・大阪大学・島根大学・岡山大学・広島大学・山口大学・徳島大学・愛媛大学・九州大学・熊本大学・鹿児島大学）。

名称は、埋蔵文化財調査センター、埋蔵文化財センター、埋蔵文化財調査室、博物館、歴史資料館などさまざまで、設立経緯や組織形態や運営方法も個々に異なり、担当者は基本的に教員職ですが任期付きの場合も少なくはありません。

大学調査組織の必要性

近年、大学構内で記録保存調査の必要性が生じた場合、当該地方公共団体にその発掘調査を委託する事例もみられます。しかし、大学直営の調査組織が発掘調査を実施する意義はとても大きいと考えます。

まず、何といっても構内の埋蔵文化財は、考古学の教育や研究において直接的な財産・資源になります。例えば、一部でも保存できた遺跡があるとします。すると、考古学実習の授業などにおいて、学生が構内遺跡そのものを利用しての測量やその出土遺物を実測することは、遺跡と遺物の関係性を追究する考古学研究にとって極めて重要なアイテムになります。仮に完全な記録保存調査であっても、やはり遺跡（この場合は遺跡立地など）と遺物の関係性を考える上では、構外遺跡よりもイメージしやすいというメリットがあります。

また、大学が実施する構内遺跡の継続的な発掘調査によって得られる成果の蓄積と大学独自の研究は、その大学が所在する場所その

　ものや、当該地域の歴史の再構築に直接的に関係します。これは新たな地域史を再構築する地域史研究そのものであり、大学と地域との良好な関係構築に大きく寄与します。

　さらに、大学調査組織があれば、授業などの教育活動全般に支障をきたさないというメリットがあります。例えば、突発的な立ち会い調査や試掘・確認調査が生じた場合の対応、授業期間中を避け夏季休暇中における発掘調査の実施、開発事業計画の策定に際して埋蔵文化財保護の取り扱いの協議・検討など、臨機応変な対応が可能になります。これらを当該地方公共団体に相談や委託をするとなると、即応的な対応がいつも可能であるとは限りません。

　このように、大学の構内遺跡の取り扱いについては、それが行政

図 19　同志社大学における校舎建替えに伴う発掘調査現地説明会
同志社大学では、校舎の建替えや増改築に際して学内の歴史資料館が発掘調査を実施します。現地説明会では学生や教職員はもちろん、地域の方々も対象にします。発掘調査区の背後の赤煉瓦建造物は、1887（明治20）年竣工の重要文化財有終館です。（筆者撮影）

図20 同志社大学の構内における発掘調査成果の展示（上：良心館横、下：良心館内）

同志社大学では、発掘調査において重要な遺構が確認された場合、観察できる施設としての現地保存や移築保存を進めています。また、校舎新築に際しては、その内部に発掘調査成果に基づく展示施設を必ず付設しています。写真上は、検出された礫敷きの道路面を剥ぎ取っておこなった移築展示。写真下は、ラウンジにおける礎石建物の床面下展示と壁付きケースによる遺物展示。また、構内には京都府指定史跡が2件（弥生時代高地性集落である田辺天神山遺跡、古墳時代終末期の下司古墳群）あり、考古学実習での測量などで大いに活用されています。（筆者撮影）

目的の範囲内であっても、大学自治という理念に基づき独自に対応することがベストと考えます。

(2) 0.3% の学術目的調査の意味と対応方法

学術目的調査の件数

日本で実施される学術目的の発掘調査件数は、文化庁の統計調査（文化庁 HP）でも正確には把握できませんが、おそらく年間 20〜30 件ほどと推定されます。その大部分は大学が実施するもので、一部に研究機関や博物館が実施するものも含まれます。ただし、この件数には大学が学術目的で実施はしますが、法第92条の届出を必要としない分布調査や測量調査は含まれていません。

さて、日本全体では年間の発掘調査件数は約8,000件になるため、この学術目的の発掘調査件数は全体の0.3%ほどしかないことになります。では、この0.3%という数字は、果たして何を意味するのでしょうか。少ないか？妥当な件数か？

大学が実施する学術目的調査

大学が実施する学術目的調査は、授業としての考古学実習の場合や、科学研究費などによって純粋に研究を目指す場合があります。しかし近年、一つの大学でこの両者を同一年度内に別々に実施することが難しく、工夫して一体的に実施するケースが増えてきました。

日本考古学協会の HP によると、「考古学を学べる大学」は172校もあるのに対し、考古学実習の授業があるのは75校と意外に少ないようです。また、専任教員が配置されている大学はおそらく100校程度と考えられますが、このうち毎年学術目的調査を実施している大学は10〜15校程度でしょう。そして、毎年ではないにしろ単発的・断続的に発掘調査を実施する大学が10〜15校程度。したがって、年間の学術目的調査件数は20〜30件となります。

　大学が実施する学術目的調査については詳細なデータはありませんが、おそらく徐々に減ってきていると考えられます。その理由としては、夏季休暇の短縮による発掘調査期間の確保の難しさ、教員定数の削減と業務の多様化と多忙化、恒常的な予算確保の難しさ、考古学講座を有する大学の増加に伴い大学１校における考古学専攻生の減少、など多岐にわたると考えられます。大学が独自に学術目的調査を実施しない（できない）となると、学生が大学で学ぶ考古学に関する基礎的な知識と技術のうち、発掘調査に不可欠な技術の習得が難しくなります。これは考古学の研究者を育成する大学にとっても、そして埋蔵文化財保護行政を担っていく埋蔵文化財専門職員の確保が必要な地方公共団体にとっても、将来への不安材料として大きな問題といえます。

コラム8　大学発掘調査の合宿

　大学で発掘調査を実施する場合、毎日通える範囲に対象となる遺跡があることは少なく、多くの場合は遠方にあるため宿泊を伴うことが一般的です。この宿泊について通常は、公的で安価な施設を利用する合宿というスタイルになります。そうすると学生たちは、生活必需品の買い出し、炊事、掃除、洗濯などをすべて自らおこなうことになります（公的な施設では有料での食事の提供が可能な場合もある）。

　現場での発掘作業はもちろん、合宿生活においても、大学院生や学部上級生の指導のもと、組織だった役割分担と当番制が十分に機能することが重要です。特に合宿生活では、日常の大学生活ではみることのできない先輩・後輩・同級生の性格を目の当たりにすることになり、時としてそれは信頼や好感となることもあります。また、それが男女間の場合であれば、恋愛関係に発展することもしばしば。

　この大学発掘調査の合宿も、大学の発掘調査自体が減ってきたことから減少傾向にあり、それを経験したことのない学生も増えてきました。また、合宿生活には自由がない、団体行動は苦手という学生も必

ずしも少なくはないでしょう。しかし、「同じ釜の飯」を食べる大学発掘調査の合宿は、教育目的や学術目的はもちろん、人間関係の構築や人間形成の場としての社会的な役割も十分に大きいと考えます。

大学と地方公共団体などとの連携

　近年、大学が学術目的調査を実施することが難しくなってきた状況を踏まえ、地方公共団体などと連携した取り組みがみられるようになりました。

　一つは、考古学実習の授業のなかで、学生が実際の発掘調査（発掘作業→整理等作業→報告書作成）を経験するために、大学と地方公共団体（公立調査組織を含む）や法人調査組織が協定を結び対応する方法です。これは、大学としては学生が発掘調査を経験して技術を取得する良い機会であり、地方公共団体などとしては、発掘調査の公共性と大学教育と関わる公益性が担保されることになり、両者にとって大きなメリットとなります。

　もう一つは、例えば特定の遺跡について、大学と地方公共団体が協定を結び、内容の確認は大学が、範囲の確認は地方公共団体がそれぞれ役割を分担して実施するというものです。例えば、その遺跡の主要部分を大学が少ない独自予算で小規模かつ限定的な発掘調査を実施し、その遺跡の範囲確認などは当該地方公共団体が国庫補助事業として実施し、お互いに便宜・協力を図りながら実施する方法です。少ない予算と労力で大きな成果を得ることができ、これも両者にとって大きなメリットがあります。

　これらの実践例はまだ限られています。大学が独自に学術目的調査を実施できない、あるいは実施しても規模などが限られる場合などに際して、今後は地方公共団体との連携が重要になってくると考えられます。

　なお、近畿地区考古学大学連絡協議会（考古学の講座を有する近

畿地区 26 大学の連携、通称「近考連」）では、近畿 2 府 5 県と協力して毎年「近畿地区文化財専門職説明会」を開催しています（『入門』第 8 章 2 参照）。近年はホームページ上でさまざまな情報発信もおこなっています。

4. 宮内庁書陵部陵墓課（陵墓調査室）と発掘調査

　陵墓については、近年さまざまな本が出版され、その歴史的な経緯や現状と課題についても広く知られるようになりました。特に、ここ 30 年で教科書での標記も大きく変わっていくなか、2019（令和元）年 7 月に世界文化遺産に登録された「百舌鳥・古市古墳群」を契機に、名称や年代に関する具体的な問題も社会的に顕在化してきました。しかし一方で、宮内庁がおこなう陵墓などの発掘調査の目的や体制、さらにはそれらの公開・活用についての取り組みは意外と知られていません。ここでは発掘調査という観点から、特に古墳時代の陵墓のことを考えてみます。

（1）宮内庁における発掘調査の歴史
宮内庁が実施する発掘調査

　宮内庁がおこなう陵墓（このうち古墳について宮内庁は「古代高塚式陵墓」という）の発掘調査は、周濠の波浪により墳丘や外堤の裾の浸食に対応するための護岸工事を中心とした、各種営繕（維持管理）工事に伴うものです。すなわち、発掘調査の区分でいうと、学術目的調査ではなく行政目的調査、それも記録保存調査ではなく保存目的調査に相当します。そのため、破損や劣化が生じにくい主体部が発掘調査の対象になることはほとんどありません。言い換えると、陵墓の維持管理に必要な発掘調査しかしないということになります。これは、宮内庁にとって陵墓とは、皇室のご先祖のお墓で

あるという「陵墓の本義」に基づく皇室用財産であり、皇室と国民の追慕尊崇の対象として静安と尊厳の維持がもっとも重要、という考え方に基づく存在であることを示しています。

　しかし、1965（昭和40）年に森浩一が『古墳の発掘』において天皇陵の被葬者に対する考古学的疑念を表明して以降、また1972（昭和47）年の高松塚古墳発見による考古学ブームの到来もあり、国会をはじめさまざまな場面で陵墓の学術目的調査が話題になりました。特に、高松塚古墳発見直後の国会においては、当時の宮内庁書陵部長の「大部分のものは文化財保護法の適用を受けていない」という発言や、文化庁次長による「文化財という観点から見ますれば、これはやはり古墳」という発言は、当時の陵墓の在り方をよく示す事例として注目されます。

陵墓と文化財保護法

　陵墓の営繕工事は1967（昭和42）年から本格的にはじまりました。陵墓の大部分は、地元の地方公共団体により周知の埋蔵文化財包蔵地として遺跡台帳に登録されています。そうすると営繕工事に際しては、法第94条により当該地方公共団体にその内容について通知する義務が生じます。また、営繕工事に伴う発掘調査については、法第92条による届出が必要です。しかし、これらが履行されるようになったのは1999（平成11）年からでした。文化財保護法に基づく一連の手続きを宮内庁がおこなうという事実はとても重要で、宮内庁は陵墓を埋蔵文化財と認定している、ということになります。なお、宮内庁が発掘調査を終えた場合も、現在では文化財保護法第100条から第103条までの遺失物法に関連した埋蔵物発見届や文化財認定の手続きをおこなっています（福尾　2019）。

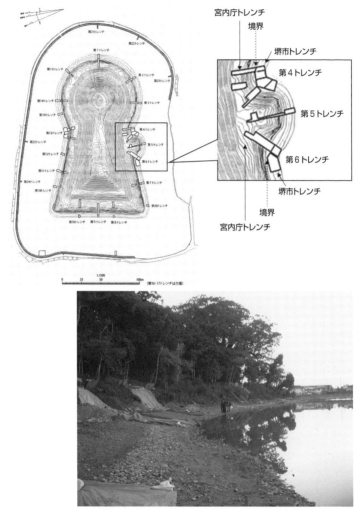

図21　百舌鳥陵墓参考地＝百舌鳥御廟山古墳の同時発掘調査（上：トレンチ配置図、下：発掘調査風景）
宮内庁の墳丘から墳裾までのトレンチと、堺市の墳裾から周濠内へのトレンチは図面上では境界部分で分かれますが、実際は一本の長いトレンチとして設定されました。また、墳丘に渡る仮設橋の設置費用も両者で折半しました。（上：堺市 2010、下：筆者撮影）

陵墓の同時発掘調査

　宮内庁がおこなう発掘調査も、近年では当該地方公共団体との関係性のなかで実施される場合があります。特に注目される事例としては、堺市に所在する百舌鳥陵墓参考地（周知の埋蔵文化財包蔵地名は「百舌鳥御廟山古墳」）があります。

　この陵墓については、周濠の波浪による墳裾の浸食が進んだため、墳丘の法面保護工事が必要になりました。しかし、周濠部分は堺市の所有であることから堺市と協議をおこなったところ、堺市側も今後の周濠内の維持管理に備え状況を把握するための発掘調査が必要と考え、その結果、同時に発掘調査を実施することになりました。同時におこなうメリットは、周濠の落水が一度で済むことと、墳丘から周濠まで連続するトレンチでの発掘調査によって得られる考古学的情報が多大であると考えられたことによります。このような経緯を経て、2008（平成20）年10月8日から12月26日まで同時発掘調査が実施されました。

　さて、ここで注目されるのが出土した埴輪片の取扱いです。本来墳丘上にあった埴輪は、墳丘の浸食に伴い破損して、一部は破片となって周濠内に転落することもあります。そこで、発掘調査終了後、宮内庁と堺市はそれぞれの発掘調査区から出土した埴輪片について、帰属などの法的な手続きを済ませた後に、接合する破片や明らかな同一個体については、大きく復元できる埴輪を所有する側へ、小破片を所有する側がそれを譲渡することとしました。有名な囲形・家形埴輪に接合する埴輪片13点は堺市から宮内庁へ、その他に堺市側の発掘調査区から出土した埴輪に接合する埴輪片61点は宮内庁から堺市へ譲渡されました。これは宮内庁が、考古学的成果を重視・優先させた行為として注目されます。

(2) 宮内庁の発掘調査成果は公開されているのか？

発掘調査の公開と報告

　陵墓の発掘調査に際しては、考古学・歴史学の研究団体への現地公開が1979（昭和54）年から継続的におこなわれており、『考古学研究』・『古代文化』・『古代学研究』などの学術雑誌においてもその内容が逐次報告されています。

　また、宮内庁が実施する発掘調査の成果は、基本的にすべて『書陵部紀要』に通常の発掘調査報告書と同等の内容が報告されています。したがって、陵墓から出土した埴輪や須恵器の実測図をみれば、その陵墓の年代についてかなり絞り込んだ年代観を得ることができます。この『書陵部紀要』にはこのほかにも、これまで宮内庁に所蔵されてきた考古資料に関する考古学的な考察や、関連資料の調査・研究の成果も収録されています。例えば、ボストン美術館に所蔵されている「伝仁徳天皇陵出土品」については、実際に現地に赴いて調査した結果が詳細に報告されています（徳田 2010）。また、佐味田 宝 塚古墳出土の家屋文鏡や大塚陵墓参考地（新山古墳）出土の直 弧文鏡については、九州国立博物館と合同で実施したX線CTスキャナーによる調査・研究も報告されています（進村ほか 2016）。

　このように、陵墓の発掘調査の公開とその成果の報告、そして出土遺物や所蔵考古資料などの調査・研究成果の公表は積極的におこなわれています。

出土遺物などの公開と展示

　出土遺物や所蔵考古資料については、これまで宮内庁が所管する「三の丸尚蔵館」において適宜展示・公開されてきました。

　文化庁が主催する「発掘された日本列島」展においては、2013（平成25）年に宮内庁は文化庁と共催という形式で「陵墓の埴輪」

展を開催し、江戸東京博物館を皮切りに、福島県文化センター、松本市立博物館、高槻市立今城塚古代歴史館、九州国立博物館を1年かけて巡回しました。この展示会では、箸墓古墳の壺形埴輪、日葉酢媛 命 陵古墳の盾形埴輪、築山古墳の鰭付円筒埴輪、応神天皇陵古墳の蓋形埴輪、墓山古墳の靫形埴輪、仁徳天皇陵古墳の馬形埴輪と人物形埴輪（女子頭部）、御廟山古墳の囲・家形埴輪と円筒埴輪、女狭穂塚古墳の肩甲付短甲形埴輪などがはじめて一堂に会して展示されました（古墳の名称は文化庁編『発掘された日本列島2013』による）。また、翌年に開催された「発掘された日本列島2014——20周年記念「日本発掘」——」展では、前述の家屋文鏡と直弧文鏡がこの時はじめて並んで展示されました。これら2回の展示会は考古学界はもちろんマスコミなどでも何度も大きく取り上げられました。

このように、出土遺物や所蔵考古資料も適宜公開されるとともに、地方公共団体が考古学関係の展示会を開催する場合も、宮内庁所蔵考古資料などが借用・展示されることが多くなりました。

図22　『発掘された日本列島2013——特集 陵墓の埴輪——』展図録（文化庁編）

この図録では、宮内庁の担当者による埴輪の説明はもちろん、「陵墓出土の埴輪と埋蔵文化財保護」「陵墓調査の五十年」「古代高塚式陵墓の保全への取り組み」と題する解説も加わりました。また、堺市・羽曳野市・藤井寺市による仁徳天皇陵古墳（大仙古墳）・応神天皇陵古墳（誉田山古墳）・履中天皇陵古墳（ミサンザイ古墳）・土師ニサンザイ古墳のレーザー測量図も公開され、図録全体の1／4は陵墓関係になりました。

課題と今後の展望

　以上のように、宮内庁は時代の流れと社会的な要求に応じて陵墓及びその出土品を文化財として着実に位置づけ、積極的に公開・活用を図るようになってきました。しかし一方で、陵墓の被葬者や年代の問題、陵墓の公開といっても発掘調査地点だけという限定的な現状など、さらに踏み込んだ対応が期待される部分もあります。この点については、「陵墓の本義」と「文化財の保護」との関係性やバランスをどう考えるかによるのでしょう。一朝一夕に解決する問題ではありませんが、時間をかけ、協議と議論を続けることで、そう遠くない先にちょうど良い程度の「陵墓の本義」と「文化財の保護」の関係性（落とし所）が構築されることを期待します。

コラム9　陵墓を発掘調査する人たち

　陵墓の発掘調査は、宮内庁書陵部陵墓課陵墓調査室に在籍する陵墓調査官や主席研究官などの職名を有する7人の専門職員が担当します。7人のうち6人は考古学、1人は文献史学の専門家です。考古学の6人は、多くの埋蔵文化財専門職員と同様に大学では考古学を専攻しており、当然といえば当然ですが、全員古墳時代を専門としています。文化庁の埋蔵文化財部門の文化財調査官5人とは適宜連絡を取り合い、「発掘された日本列島」展での協力関係や、陵墓の発掘調査における文化財的な取り扱いについて意見交換をおこなっています。陵墓を発掘調査する宮内庁の担当官というと、少し奥ゆかしく近寄りがたい存在ですが、考古学の研究論文も発表するなど、一般的な埋蔵文化財専門職員とほぼ同じ雰囲気を持つ方々です。

第**3**章　発掘調査を違う視点から考える

　現在、日本では全国各地で毎年約 8,000 件の発掘調査がおこなわれています。この発掘調査の 95% は、さまざまな開発事業によって消滅する遺跡を発掘調査してその記録を残そうとする記録保存調査です。ここでは、この約 8,000 件という発掘調査件数の持つ意味や意義、あるいはその中身について、さらには発掘調査の精度（土を篩う）という観点など、実際の発掘調査とは少し違った角度から考えてみます。

1.　発掘調査から得られるさまざまな情報

　日本の発掘調査件数は、世界的にみても突出して多いという現状があります。これにより毎年、60×40×15 cm のコンテナに換算して 7 万箱以上の遺物が出土しています（文化庁 HP）。これだけの出土遺物量があっても、いまだ数点しか出土していない遺物もあります。はたしてその遺物は本来稀少で点数が少ない遺物なのでしょうか。それともたとえば一つの遺跡の中で後続する年代にはたくさんあって、それが前の時代の層や遺構に混入して少ないとみえる遺物なのでしょうか。少なさ故に、その意味について検討の余地があると考えられます。ここでは発掘調査件数と遺物の出土量から、その考古学的意義を考えてみます。

（1）年間 8,000 件の発掘調査件数の意義──類例が出土しない意味、増えない意味──

石崎曲り田遺跡の鉄斧

弥生時代のはじまりは、稲作農耕文化の到来からとされています。その発信源の朝鮮半島に近い九州の玄界灘沿岸部（福岡県北西部・佐賀県北部）では、1980 年前後にそれまで弥生時代のはじまりとされていた板付Ⅰ式土器より古い縄文時代晩期末葉の刻目突帯文土器に伴い、水田跡・木製農耕具・大陸系磨製石器などが確認されるようになりました。そこで、この地域のこの段階を弥生時代早期と呼ぶようになり（佐原 1983）、石崎曲り田遺跡（福岡県糸島市）から出土した鉄斧（福岡県教育委員会 1984）は、この弥生時代早期の実態を示す特徴的な遺物として大いに注目されました（春成 1990）。

2003（平成 15）年、国立歴史民俗博物館は放射性炭素年代測定により、弥生時代のはじまりは紀元前 10〜9 世紀まで遡ると公表しました（春成 2003 a）。そうすると、この石崎曲り田遺跡の鉄斧は中国の鉄器より古くなることから、さまざまな反対意見が出されました。これを契機に、この石崎曲り田遺跡の鉄斧をはじめ、弥生時代早・前期に属すると考えられていた鉄器の考古学的な成果の見直しがはじまりました。これにより現在では日本列島への鉄器の流入は弥生時代前期末葉からという見解が一般的になってきました。石崎曲り田遺跡の鉄斧については、その出土状況から弥生時代後期の可能性も指摘されています（春成 2003 b）。

玄界灘沿岸部に相当する福岡県と佐賀県は、九州の中でももっとも発掘調査件数が多い地域で、毎年 200〜300 件の発掘調査がおこなわれています。出土遺物量は毎年約 5,000 箱（60×40×15 cm のコンテナに換算）を数えます（文化庁 HP）。石崎曲り田遺跡が発掘調査されたのは 1980（昭和 55）年のことであり、現在まで 40 年

以上の歳月が過ぎました。この間、玄界灘沿岸部では弥生時代早・前期の遺跡もたくさん発掘調査されていますが、いまだ当該期の鉄器の出土例はありません。もちろん、弥生時代がはじまったばかりの時期なので朝鮮半島からの流入点数が少なく、たまたままだ発見されていない可能性もあります。しかし、これまで実施された発掘調査件数と出土遺物量を踏まえ、当該期の鉄器の有無を検討することは、一つの考古学的手法として見逃せないと考えられます。

菜畑遺跡のヒスイ製勾玉

　稲作農耕文化が到来・定着した九州北部では、弥生時代前期末葉から中期初頭にかけて地域を統括する王が出現したとされています。このことを示す考古学的な証拠としては、特定の墓へ権威の象徴として副葬された武器形青銅器・銅鏡・南海産大型巻貝製腕輪・ヒスイ製勾玉などが挙げられます。

　ヒスイ製勾玉については、その形態的な特徴からこれまで九州の縄文勾玉の伝統を基礎とし、そこに朝鮮半島から稲作農耕文化とともに到来した新しい玉文化との融合と考えられ、弥生時代の文化や

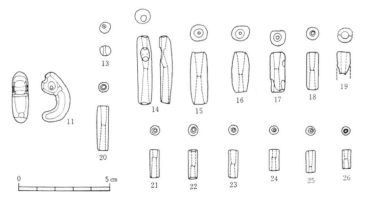

図23　菜畑遺跡（佐賀県唐津市）出土勾玉・管玉実測図（唐津市教育委員会 1982）

社会の成立状況を示す好例として位置づけられてきました（森 1980、木下 1987）。この考えの起点は、1980（昭和55）年に菜 畑 遺跡（図23-11、佐賀県唐津市）から出土した弥生時代早期とされるヒスイ製勾玉でした（唐津市教育委員会 1982）。

　しかし、この勾玉が出土した1980年以降、弥生時代前期末葉以降のヒスイ製勾玉の事例は着実に増えていきましたが、弥生時代早期のそれはまったく出土事例がありません。このことを踏まえ、菜畑遺跡のヒスイ製勾玉の再検討がおこなわれました（大坪 2019）。すなわち、この勾玉自体の出土層位、同一層から出土した土器の型式学的再検討、出土状況から墓への副葬品と考えられその掘り込みは上位層になるという想定、九州では縄文時代晩期前葉から弥生時代前期前葉まで石製装身具が存在しない事実、類似勾玉が弥生時代中期中葉の甕棺墓から出土する事実などから、所属時期は弥生時代早期ではなく弥生時代中期中葉とされました。このことは、弥生文化は縄文文化の伝統と朝鮮半島から到来した文化との融合とされがちであった従来の研究に一石を投じることとなりました。

　さて、この研究のきっかけは、菜畑遺跡のヒスイ製勾玉が出土してから約40年、類例がまったく出土していないことでした。菜畑遺跡は前項の石崎曲り田遺跡に近く、やはり玄界灘沿岸部の遺跡です。前述したように、福岡県と佐賀県では毎年多くの発掘調査がおこなわれ、出土遺物量も膨大です。そのなかでも、都市部に相当する玄界灘沿岸部は開発事業も特に多く記録保存調査も盛んにおこなわれていて、弥生時代早期の遺跡もそれなりに発掘調査されています。もちろん弥生時代前期よりは発掘調査事例が少なく、まだたまたま出土していない可能性もあります。しかし、弥生時代前期末葉以降のヒスイ製勾玉は事例が着実に増えているのに、弥生時代早期の事例がいまだまったく出土していない事実はそれなりに重く受け止める必要があると考えます。

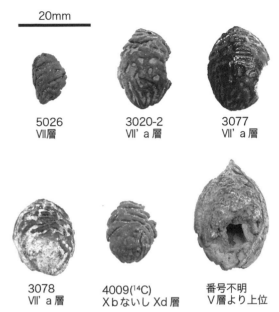

20mm

5026
VII層

3020-2
VII' a層

3077
VII' a層

3078
VII' a層

4009(¹⁴C)
XbないしXd層

番号不明
V層より上位

図24　伊木力遺跡（長崎県諫早市）出土モモの種（工藤・水ノ江ほか 2021）

伊木力遺跡のモモ

　古代日本において、モモ（桃）は神聖で特別な存在でした。『古事記』ではイザナギノミコトが亡きイザナミノミコトに会いにいき、追いかけられた黄泉醜女にモモを投げつけて退散させる場面がとても有名です。モモの原産地は中国北西部とされ、日本列島では弥生時代中期以降の事例が発掘調査で多数確認されています。しかし、日本列島へ最初にもたらされた時期については、長く諸説がありました。

　伊木力遺跡（長崎県諫早市）は、1984・1985（昭和59・60）年に発掘調査され、縄文時代は前期から晩期にかけて、弥生時代は中期に属する低湿地遺跡です。特に、縄文時代前期の層から出土した丸

木舟とモモ（図24）は有名で、日本列島の縄文文化を語る上で不可欠な遺跡です。しかし、その後30年以上を経過しても、縄文時代前期のモモの事例は日本列島全体でまったく続かず、縄文時代後・晩期とされる事例もごくわずかでした。そこで微量な試料でも年代測定が可能になった近年の放射性炭素年代測定法を用い、伊木力遺跡の完全な形で遺存するモモではなく、一部欠損した数点のモモから試料を採取して年代測定をおこなったところ、いずれも弥生時代中期の年代が示されました（工藤・水ノ江ほか 2021）。伊木力遺跡には上位の層に弥生時代中期の土器が含まれています。この事実を踏まえ、改めて西日本各地の縄文時代後・晩期に属するとされるモモの事例を検討すると、モモが含まれる層にはおよそ点数は少なくとも弥生時代中期以降の土器が含まれている、あるいはその上位に弥生時代中期以降の層が存在することがほとんどの遺跡で確認されました。それらの遺跡はいずれも低湿地遺跡であり、低湿地遺跡における植物遺存体の年代決定は難しく、今後は低湿地遺跡の形成過程や発掘調査方法の再検討が必要になりそうです。

コラム 10　変わりゆく発掘調査報道

　1980年代、発掘現場にはよく新聞記者がやってきました。何か新しい発見や知見はないかと、いろいろな新聞社の記者が入れ替わり立ち替わり。「足でネタを稼ぐ」ということでしょうか。なかには、独自に勉強して鋭い質問をする新聞記者もいて、その遺跡の本質的な価値について意見交換をすることもありました。

　ところが、吉野ヶ里遺跡から巻き起こった1990年代の邪馬台国ブームの頃から、行政側では公平な情報提供という観点に基づき、発掘現場取材対応を制限するようになりました。また、新聞社側も忙しさから発掘現場廻りが難しくなり、共同記者会見を要求するようになりました。

　そうすると、遺跡の本質的な価値よりも、最古（級）・最大（級）の

文字が付いた発掘調査成果が優先的に取り上げられるようになります。そのため、行政側はそれが付く発掘調査成果を求め、市民はそれが付いた遺跡は理屈抜きに重要と思うようになりました。古くなくても、小さくとも、地域にとって重要な遺跡はたくさんありますが、あまり日の目をみなくなりました。

しかし、近年のように地域性や多様性が注目されるようになると、行政側は「地域にとって重要な遺跡」を重視するようになりました。同時に新聞社側も、文化欄やコラムで考古学研究の進展や自然科学分析による新たな成果に基づき、地域文化や各時代論をまとめる意欲的な記事が目立つようになりました。

発掘調査と新聞報道の関係性の変遷をみると、発掘調査成果が社会にどのように伝わり受け止められていったかがよくわかります。さて、デジタル化が急速に進む現代社会において、これからの発掘調査報道はどうなるのでしょうか。

(2) 水洗作業の意義——発掘調査で遺物はどれだけ採集できるか?——

発掘作業の掘り下げに伴う掘削土には、時として極めて重要な考古学的情報が多数含まれることがあります。これを発掘作業時において目視ですべて抽出することは不可能です。そこで、掘削土のすべてを篩にかけ水洗して微細遺物を採集する手法があります。この手法はどういった時に有効か、何故有効か、具体的な事例から考えてみました。

田柄貝塚

田柄貝塚(宮城県気仙沼市)はリアス式の三陸海岸の中央部、気仙沼湾の最奥部標高 28 m の丘陵先端に立地する、縄文時代後期中葉から晩期前葉にかけての貝塚です。国道 45 号気仙沼バイパスの建設に伴い 1979(昭和 54)年に約半年間の発掘調査がおこなわれました。貝塚自体の面積は 64 m² と小規模ですが、貝層は厚いところで 1.5 m を計り遺存状態は極めて良好。発掘作業では 3 m グリッ

ドを設定して掘り下げた結果、12 体の埋葬人骨、22 体の埋葬犬、2体の埋葬猪が検出されました。

　貝塚は、破損した土器・石器・骨角器・貝製品などの廃棄場であることと、貝が持つカルシウムにより微細な骨角器も良好に遺存することから、発掘作業では掘削土は捨てずに、すべて 1 mm メッシュまでの篩にかけて水洗しました。一部は発掘現場で水洗しましたが、大部分の土は整理作業所に持ち帰り約 6 年かけてすべてを水洗しました。その結果、主要遺物の発掘現場での採集点数（左）と、水洗作業で得られた点数（右・率）については、下記の結果が得られました。

［石　器］石鏃	291：1413 点（83%）	石錐	47：157 点（77%）
石匙	39：19 点　（33%）	打製石斧	50：2 点　（4%）
磨製石斧	34：5 点　（13%）	石棒・石刀	32：4 点（11%）
［骨角器］銛頭	117：121 点　（51%）	釣針	35：160 点（82%）
ヤス	35：169 点　（62%）	組合ヤス	104：169 点（62%）
［貝製品］貝輪	31：87 点　（74%）	貝製品	4：68 点（94%）
［土製品］土偶	20：9 点　（31%）	耳飾	107：10 点　（9%）

　このように、発掘現場において 70% 以上の未採集品は石鏃・石錐・釣針・貝輪・貝製品など、概してもともと小型であるものや、破損して小さくなった遺物が中心となります。小型遺物の採集が難しいことは経験的に十分理解できますが、それでも石鏃や釣針の80% 以上が水洗作業で得られたという事実には、率直にいって驚きを禁じ得ません。貝塚という遺跡の特殊性も考慮しないといけませんが、発掘調査における水洗作業の重要性をこの数値から改めて確認することができます。

三万田東原遺跡

　三万田 東原遺跡（熊本県菊池市）は熊本県北部を貫流する菊池

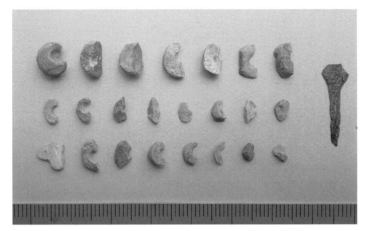

図 25　三万田東原遺跡出土のクロム白雲母製小玉の未成品とサヌカイト
製穿孔具（右端は石錐）（熊本大学埋蔵文化財調査センター提供）

川と合志川に挟まれた台地上の標高約 80 m に立地する、縄文時代
後期後葉から晩期初頭にかけての大規模な集落遺跡です。遺跡自体
は 1910 年代から知られ、断続的に発掘調査がおこなわれたようで
すが、最初の報告書（概報）の刊行は 1972（昭和 47）年でした。
縄文時代後期後葉「三万田式土器」の標識遺跡であり、この遺跡か
ら採集された石製垂飾も「三万田型垂飾」として広く知られていま
す。しかし、これまで範囲や集落構造を確認するための発掘調査が
未実施であったため、遺跡の実態についてはよくわかっていませ
ん。一方で、深緑色のクロム白雲母製の装身具類やその未成品、剥
片や原石がいまも多数表面採集されることから、クロム白雲母製装
身具類の製作遺跡であることもある程度想定されていました。

　そこで熊本大学埋蔵文化財調査センターでは、三万田東原遺跡に
おける石製装身具の製作工程や製作工房の実態解明を目指した学術
目的調査を、2017（平成 29）年から 2021（令和 3）年まで実施し
ました（熊本大学埋蔵文化財調査センター 2021）。その結果、小玉

専属の製作工房と考えられる三万田式期の竪穴建物の一部の発掘調査に成功しました。発掘調査区は 9×4.5 m のトレンチで、掘削した竪穴建物とその周辺の包含層は約 18.9 m³ になります。このすべてを発掘現場で 1 mm メッシュまでの篩にかけて水洗作業を実施。かかった作業量は、5 人の作業員で実に 27.6 日を要しました（6.5 時間／日）。さらに大学に持ち帰った 0.06 m³ の選別資料から小玉の製作工程復元に関係する微細資料の採集には、3 人の作業員で 13 日を要しました（6 時間／日）。

　この作業の結果、最終的には小玉の製作に関係すると考えられる資料 2,420 点をピックアップしました。その内訳は、小玉の完成品は 1 点もなく、失敗品を含む未成品は 87 点（図 25）、小玉の素材もしくは素材破片は 520 点、製作過程で生じた破片類は 1,810 点、そのほかに丸玉 1 点、三万田型垂飾の破片 2 点になります。なお、この他に小玉の穿孔具（石錐）が出土しています。

　この発掘調査によって、九州の縄文時代後期後葉における小玉の製作工程とその技術、そして製作工房の実態がある程度明らかになりました。これらの成果を得るためには、発掘現場で目視できる石製装身具関連の遺物を採集するだけではまったく不十分であり、やはり水洗によって微細遺物を漏れなく採集する作業が不可欠になります。この水洗作業で得られた各種製作段階を示す微細な未成品があるからこそ、製作工程の復元が可能になるのです。

　すべての掘削土を水洗するには、多大な経費と時間がかかります。しかし、この作業なくして考古学的に貴重な情報を得ることができない場合もあります。もちろん、この手法を多くの発掘調査に無条件に導入することは現実的ではありません。まずは、遺跡の性格や発掘調査の目的を十分に精査して、多大な成果が得られることがある程度見通せた段階で積極的に導入することが重要なのです。

2. 発掘調査は遺跡破壊か？遺跡保存か？

　「遺跡を保存する」という意味において、埋蔵文化財保護行政では記録保存と盛土保存は似て非なる手法ですが、基本的な考え方においては共通する部分も少なくはありません。いずれも、高度経済成長期や平成バブル期の日本において、「いかに遺跡を保存するか」という観点から生まれた日本独自の考え方です。当初は苦肉の策であったこれらも、長い年月とともにその本質的な意味や目的が少しずつ変わっているようです。ここでは改めて、これらの意味と意義を考えてみます。

(1) 遺跡の記録保存と盛土保存

　埋蔵文化財保護行政にとって、「保存」という言葉にはさまざまな意味があります。本来、遺跡を保存するといえば、遺跡をそのまま手をつけずに残すことを意味します。しかし、埋蔵文化財保護行政には「記録保存（調査）」や「盛土保存」のように、同じ「保存」でも考え方や手法が異なる「保存」があります。ここでは、これら少し異なる「保存」の意味について考えてみます。

記録保存調査

　記録保存調査とは、『発掘調査のてびき——集落遺跡発掘編——』（文化庁 2010）によれば、「開発事業との調整の結果、現状のまま保存を図ることができないと判断された埋蔵文化財について、その記録を作成するために実施する」発掘調査とされ、「遺構を完掘することが前提であり、遺跡のもつすべての情報を適切に得る必要がある」とされています。すなわち、保存といっても発掘調査によって得られた遺跡情報の記録を保存することであって、遺跡そのもの

は保存されません。この記録保存という考え方は日本独自のもの
で、1950年代後半に始まった高速道路建設や大規模宅地開発に伴
う事前の発掘調査が、まさに記録保存調査のはじまりでした。な
お、記録保存という言葉が定着するのは1980年代であり、それが
法第93条に明記されたのは2000（平成12）年のことでした。

　日本でおこなわれる年間約8,000件の発掘調査のうち、この記録
保存調査はその約95%を占めます。1980年代前半まで、記録保存
調査は「遺跡破壊の免罪符」と揶揄する風潮もありました。しか
し、日本の埋蔵文化財保護に関する考え方や体制の整備が進んだ要
因は、この記録保存調査が徹底されたからです。と同時に、日本の
考古学研究の目覚ましい進展も、やはりこの記録保存調査によって
得られる膨大な情報に基づくといっても過言ではありません。記録
保存調査がすっかり定着するだけでなく、半ばルーティン化してし
まった現在、この記録保存調査がどのようにして生まれ、どういう
経緯を辿って現在に至ったのか、ということを理解・把握すること
は、今後の埋蔵文化財保護行政の在り方の模索に際して常に重要な
課題の一つと考えられます。

コラム 11　遺跡を壊すアルバイト

　高速道路建設や大規模宅地開発に伴う記録保存調査がはじまった
1950年代後半、「記録保存調査＝遺跡破壊」という風潮が生まれまし
た。特に、1960年代後半から1970年代初頭の学園紛争が激しかった時
代、考古学徒はこの考え方が当時の保守的・体制的なイメージとも重
なることがあり、記録保存調査を容認する大学の考古学研究室や関係
団体などと対立することもありました。

　記録保存調査が急増し、地方公共団体もそれに対応する体制が整備
されだした1970年代後半以降、かつての考古学徒もその多くは地方公
共団体の埋蔵文化財専門職員になりました。時代や立場は変わり、彼
らは消滅していく遺跡に対して少しでも精度の高い記録保存調査を目

指し、より多くの遺跡情報を何とか後世に伝えようと必死でした。そして、その当時の学生はアルバイトとしてそれらの記録保存調査に携わるようになります。すると学生は埋蔵文化財専門職員から「君たちは遺跡を壊して考古学を勉強し、バイト代をもらっている。そのバイト代は遊び金に使うのではなく、考古学関連の本を買うなどして考古学の勉強に役立てなさい」とよくいわれたものでした。1990年代以降、このような話はほぼなくなりましたが、記録保存調査への向き合い方がどう変わったかを知ることのできるエピソードの一つです。

盛土保存

「盛土」とは、辞書的には「盛り土・もりつち」と表記し、まさに土を盛ることを意味します（広辞苑第7版）。土木・建築業界では「もりど」と読み、低地や斜面地に土を盛って平坦面を作ることを意味します。埋蔵文化財保護行政でも「もりど」と読むことが一般的ですが、意味としては遺跡に土を盛って遺跡を保存することを意味し、その考え方は平成10年通知で示されました（『入門』第5章1）。

　平成10年通知で示された盛土の意義は、①遺跡を比較的良好な状態で残すことができる、②記録保存調査の経費や期間の節減になる、という2点になります。すなわち、遺跡を現状のまま保存することができるため、埋蔵文化財保護行政にとってはとても有効な手法といえます。実際には、開発事業予定地において試掘・確認調査をおこない、開発事業の掘削深度を考慮して、どれほどの厚さの盛土をすれば遺跡は保存されるかを開発事業者に示して事業を進めてもらいます。

　この盛土に際して注意すべきことは、試掘・確認調査のデータをしっかりと保存することです。ここでいうデータとは、遺跡の時代や性格に関するデータはもちろんですが、それよりも重要なのは地表面から遺跡までの深度（＝遺跡の標高）と遺跡の範囲（＝国土座

標による把握）に関するデータです。これが適切に保存されていないと将来当該地で再度の、あるいは近接地で新たな開発事業がある場合、状況によっては試掘・確認調査を改めておこなう必要が生じます。実際に、以前の試掘・確認調査から長い年月が経つと、埋蔵文化財専門職員の代替わりや保存システムの変更により、データが失われる、あるいは使えない場合があります。このような事態が生じないようにすることは、行政の継続性という観点からも極めて重要です。

(2) 遺跡を保存する意義と問題点

記録保存調査のルーティン化

埋蔵文化財保護行政の体制整備や各種手続きのシステム化の進行と、国民の埋蔵文化財保護への理解（特に原因者負担の考え方など）の深化により、報告書作成までを含めた記録保存調査の経費や期間は多くの場合、適切に確保されるようになりました。その結果、発掘作業→整理等作業→報告書作成といった発掘調査全体の精度も高まりました。これはとても素晴らしいことですが、一方で、現状保存すべき遺跡が十分な検討を経ることなく、記録保存調査され消滅する事例も増えてきたように感じます。

遺跡を現状保存するということは、開発事業者や土地の所有者にとっては、時として大規模な計画変更や人生設計の変更に直結するほどの一大事です。また、実際に遺跡を保存するとなると、土地の買い上げやその後の整備・活用などを実施する行政側の負担も小さくはありません。特に、法第93条における行政判断に基づき一度記録保存調査がはじまると、その途中で現状保存に切り替えることは、当初の行政判断が不十分であったとして責任が問われかねないため、至難の業となります。

このような事態を回避するには、例えば、2019（平成31）年4

月の文化財保護法の改正に伴う都道府県における大綱や市町村における地域計画の策定に際して、最新の考古学情報に基づき現状保存を必要とする遺跡の①地域的な特徴の抽出、②遺跡の種類の選定、③具体的な保存方法などを、よく吟味して明記することが重要です。そしてそれを踏まえ、しっかりとした試掘・確認調査を実施した上で、その遺跡にとって一番望ましい取り扱いとしての最善の行政判断（法第93条）を下す、ということに尽きます。こういった一連の検討が適切に実施されない限り、記録保存調査のルーティン化や、それに伴い繰り返される地域住民をも巻き込んだ遺跡の保存問題は避けられないと考えます。

盛土保存の意味

　盛土は遺跡を現状のまま保存するという点において、適切な手法といえます。しかし一方で、盛土の上に敷設される構造物が限りなく恒久的なものである場合、その遺跡と現代社会とは関係性が絶たれ、実質的には埋め殺しという状態になります。そう考えると、はたして盛土保存は本当に妥当な対応なのでしょうか。

　この盛土保存も前述の記録保存調査と同様で、現状保存すべき遺跡の考え方に基づき、しっかりとした試掘・確認調査を実施して、最善の行政判断を下すことが重要になります。事前の十分な検討なく、とにかく盛土すれば遺跡は現状保存されるという安易な判断は、記録保存調査のルーティン化と同様に危険な対応として注意が必要です。

　ところで、道路建設に伴う発掘調査に際して重要な遺跡が発見され、開発事業者や土地の所有者との協議により、高架建設という大規模な計画変更によって遺跡が現状保存されることがごく稀にあります。これはある意味盛土保存に近い考え方ではありますが、新たな予算措置が発生することが多く、それだけに関係者の不断の努力

図26　もう一つの盛土保存（左：佐賀県小城市土生遺跡、右：新潟県糸魚川市寺地遺跡）

遺跡に関連する盛土には、整備事業に伴うもう一つの盛土があります。これは遺跡を保存して整備事業をおこなう場合、現地保存した遺構などを保護するため約30〜40cmの盛土（保護層）をおこない、その直上で整備事業を進めるものです。開発事業に際しての盛土保存と同じ手法ですが、目的が異なるためもう一つの盛土保存と位置づけることができます。（筆者撮影）

によってなされた遺跡の現状保存手法の一つです。しかし、この遺跡の周辺住民にとっては景観を損ね、場合によっては新たな騒音が発生する、という話も耳にします。また、遺跡の整備・活用に際しても、やはり景観や橋脚の取り扱いに支障を来すことになります。本当に難しい問題です。

　遺跡の現状保存はケースバイケース。遺跡の種類・範囲・立地条件・周辺環境などによっても異なりますし、開発事業者の事情や保護行政側の体制にもよります。方程式的な対応や百点満点の方法はなく難しいことばかりですが、「この遺跡にとって何が一番重要か」ということを第一義に考え、それを踏まえて取り扱いを決めることがもっとも優先されるべきことと考えます。記録保存調査や盛土保存は現実的な対応ではありますが、それありきは単なる対処療法（障害物処理）に過ぎず、埋蔵文化財保護行政にとってとても危険な思考、行為になりかねません。

改めて遺跡を保存する意義を考える

　開発事業に際して遺跡の取り扱いを決める基準、すなわち、遺跡を現状保存とするか記録保存調査とするかの基準とはどのようなものなのでしょうか。

　少し話は変わりますが、原爆ドーム（旧広島県産業奨励館）について考えてみます。1945（昭和20）年8月6日の原子爆弾の投下によって、広島市では多くの命が奪われました。戦後、この原爆ドームについては、悲惨な戦争の負の遺産としてのネガティブな評価や、劣化対策と維持管理にかかる多額の費用負担の現状などから解体・撤去するのか、それとも悲惨な戦争を二度と繰り返さないための平和の象徴として現状保存するのか、という議論が長く続きました。しかし、日本が高度経済成長とともに社会や生活や文化の在り方が徐々に変化するなかで、平和への追求意識が一層醸成される

ようになり、1966（昭和41）年の広島市議会においてその永久保存が決議されました。そして1995（平成7）年には「第二次大戦末期における原爆投下の歴史的事実と人類史上初めて使用された核兵器の惨禍を如実に伝える遺跡であり、核兵器の究極的廃絶と世界の恒久平和希求のシンボル」であるとともに「日本の近代のみならず世界の歴史を理解する上で欠くことのできない重要な遺跡」として国の史跡に指定され、翌1996（平成8）年には世界文化遺産として登録されました（文化庁 HP）。

　遺跡の評価は、考古学研究の進展と時代の流れや社会的な価値観の変化に応じて変わります。日本にある約46万8,000遺跡のすべてを現状保存することは不可能ですし、現実的な議論ではありません。しかし、日本という国はもちろん、地域にとってもその地域の歴史と文化を語るうえで欠くことのできない遺跡はやはり現状保存すべきでしょう。問題は誰もが納得するその基準（説明責任）にあります。

　同種の遺跡が多い、同種の遺跡の中では小さい、遺存状態が悪いなどは開発事業に際して記録保存調査とするかどうかの判断材料になりがちですが、これらは本質的な基準ではありません。その地域の個性・独自性や周辺地域との関係性、最新の考古学研究の成果や日進月歩に進化する自然科学分析とデジタル技術の活用、また当該市町村における10年、20年後の都市計画や、より大きなグランドデザインなどを十分に考慮した上で、目先の現実的な問題への対処療法ではない、将来を見込んだ総合的な判断がきわめて重要になります。

　原爆ドームが世界文化遺産に登録されるとは、現状保存が決定した1966年当時では誰も想像できませんでした。しかし、原爆ドームが現状保存されていたからこそ、史跡になりそして世界文化遺産という新たな文化財保護の枠組みに入ることができたのです。繰り

返しますが、すべての遺跡を現状保存することは現実的ではありません。かといって、記録保存調査を安易に判断することは遺跡にとって悲劇です。遺跡の破壊は一瞬、現状保存は永遠。将来を見越した文化財保護が本当に重要かつ不可避な時代になってきました。

遺跡は何故その場所が重要なのか？

　遺跡の保存についてはもう一つ、移築保存という方法があります。平成バブル期には全国的に流行りましたが、遺跡の移築は実は現状保存とはかけ離れた存在であり、また多額の費用がかかることから最近ではほとんど見られなくなりました。この問題について、二つの視点から考えてみます。

　まず一つ。中近世の国境石や郡境石は、文献史料では確定できない旧国や旧郡の厳密な境界を示す貴重な文化財です。これらはその場所にあるからこそ重要であって、その境界石が貴重だからといって博物館などで展示しても、境界そのものを示さない境界石の歴史的意義は極めて小さくなります。津波の到達地点を示す津波記念碑も同様で、その位置が変わるとほとんど意味がなくなります。

　もう一つ。博物館で国宝の火焔型土器や「漢委奴国王」の金印の本物が展示しているとします。来館者はそれが本物だとわかるとマジマジと観察しますが、レプリカだと思うとサラッとしか見ないでしょう。

　遺跡は、そこで生きてきた先人の行動記録です。例えば墳墓などは、どこにでもむやみやたらと築造することはほとんどなく、居住域とは異なった墓地・墓域としての意味があります。特に、前方後円墳などの首長墓は、その権力の強さを示すために眺望の良い場所が選ばれますし、当時の人々にとってはかつての首長の存在を確認するランドマークとしての意味があります。すなわち、その遺跡の場所は歴史的に意味がある場所なのです。

　現代に生きる私たちは遺跡のある場所に立つことで、解説書などではわからない海や川や他の遺跡との距離感をはじめ、それらを含めた眺望などを体感・追体験することができます。移築保存した遺跡では移築した本物を見ることができるという一定の効果は間違いなくあります。しかし、場所が異なるために、それ以上の体感・追体験は難しいでしょう。すなわち、移築保存とは遺跡のレプリカともいうべきものになるのです。開発事業に際して遺跡の取り扱いを検討するとき、遺跡の立地に関する歴史的な意義を考慮することは、重要な検討材料になるでしょう。

コラム 12　法第 93 条は開発事業を阻止できるのか？

　開発事業に反対する人や団体から、「法第 93 条で開発事業を阻止できないか？」という質問がしばしばあります。結論からいいますと、法第 93 条では開発事業を阻止する法律ではなく、開発事業と文化財保護の共存共栄を目指す重要な法律なのです。

　法第 93 条第 1 項では、周知の埋蔵文化財包蔵地で開発事業を実施する場合、その主体者は事業開始の 60 日前までに必要な事項を記載した書面の届出が義務づけられています。これに基づき、届出先である関係の市町村や都道府県はその主体者と保護に関する協議をおこないます。そして、「この遺跡にとって何が一番重要か」を起点に考え、結果として計画変更のお願いや記録保存調査についての判断に至ります。

　開発事業の多くは、我々の生活を直接・間接に便利で豊かにするものです。これに対し、全国にある 46 万 8,000 遺跡のすべてを現状保存することは非現実的です。すなわち、開発事業に際しての文化財保護とは、文化財保護：開発事業が 100：0 でも 0：100 でもなく、お互いの目的が達成される最大公約数的共通認識（落とし所）を見出すことがきわめて重要になるのです。それは時に文化財保護：開発事業が 70：30 や 30：70 になることもあれば、バランスよく 50：50 になることもあるでしょう。要は、文化財保護側と開発事業側がよく話し合い、お互いに相手方の求めるもの、すなわち、文化財保護側は開発事業の

　趣旨と内容を、開発事業側は文化財保護の意義と重要性をそれぞれに正しく理解・把握することが不可欠になるのです。

3.　補助金の考え方

(1)　埋蔵文化財関連国庫補助金の適用範囲

　「国庫補助金で○○○は買えるのか？」。埋蔵文化財関連の補助金（埋蔵文化財緊急調査費国庫補助・地域の特色ある埋蔵文化財活用事業費国庫補助）が交付され、実際に発掘調査などをおこなう際に、誰でも何度でもこのような疑問を持ったことがあるはずです。特に、補助金として不適切な使い方をすると、年度末における実績報告書の作成時や、後日の会計検査で大変なことになります。すなわち、正しい補助金の使い方を身に着けることは、埋蔵文化財保護行政の安定的な運営にとってとても重要なことなのです。

　補助金の適正な使い方に関する基本的な考え方には、①発掘調査以外にも使える汎用的なもの、②安全管理や福利厚生など本来地方公共団体の責任の範囲で対応すべきもの、の2種類に該当するものは購入が不適当という考え方があります。しばしばカメラの購入が問題になります。カメラは発掘調査に不可欠ですが、汎用性が高く発掘調査以外でも使用が可能です。したがって、補助金で購入することは適切ではなく、発掘調査期間内に限ってのレンタルなどが適正と考えられます。また、ヘルメットなど安全管理において発掘調査主体者の責任において着用が義務づけられているものも、やはり購入は難しいでしょう。このように、購入の可否は具体的なものから善し悪しを考えるのではなく、補助金としての考え方を適切に整理・検討してから具体的なものの購入を考えることが必要です。

　また、発掘調査を伴わない地形測量や文献調査など、どこまでの作業や調査が補助金の適用範囲なのか、判断が難しい、悩ましい

場合があります。これについては『発掘調査のてびき』（文化庁 2010・2013）において示されている、遺跡の種類によって異なる価値づけのために不可欠な手法（例えば埋蔵文化財として位置づけることができる大名家墓所の地形・墓石測量や文献調査など）までが、その対象になると考えられます。

コラム 13　泣く子も黙る会計検査

　会計検査とは、国民の税金などからなる国の予算が、適正かつ効率的・効果的に使われているのかを、国会・内閣・裁判所から独立した会計検査院がチェックすることです。その対象には、国のすべての省庁をはじめ、政府関係機関や国庫補助金が交付される地方公共団体なども含まれます。

　文部科学省・文化庁の会計検査は、会計検査院事務総局の第4局が担当します。検査はおもに書面検査と実地検査の二つの方法によっておこなわれ、後者では実際に国庫補助金が交付された都道府県や市町村を担当官が巡回します。検査の内容や対象地方公共団体はその年度によって異なり、それらは実施の2～3カ月前に通知されます。

　埋蔵文化財関連の国庫補助金が対象となった場合、例えば測量などの委託事業はその内容や委託方法や契約内容が、発掘作業員ではその雇用方法

図27　霞ヶ関の文化庁・文部科学省・会計検査院
手前の6階建ての建物が文化庁。奥の高層ビルは中央合同庁舎第7号館東館で、18階までが文部科学省、20～32階までが会計検査院になります。虎ノ門の交差点からは、これら3機関を同時に見ることができます。（筆者撮影）

や賃金の支給方法が、発掘調査報告書ではその内容や納品状況などが、過去5年分にわたって細かくチェックされます。したがって、当該地方公共団体は、これらの内容に関係する公文書、契約書、出勤簿、納品物などを事前に準備して検査当日を迎えます。

　市町村にとって会計検査は10年に1回程度しか回ってきません。それ故に経験値が低いため、事前に都道府県や経験のある近隣の市町村からアドバイスを受け準備を進めます。しかし、故意でなくとも事業内容の不備や不適切な予算支出が発覚して指摘されると、場合によっては該当する補助金を加算金込みで返納することになります。そうなると今後の事業の実施や計画に支障をきたすだけでなく、当該地方公共団体の議会への報告も求められます。したがって、担当となる埋蔵文化財専門職員にとって会計検査とは、準備期間を含め検査当日まで極度の緊張とストレスを伴う業務ということになります。

　国庫補助事業を進めるうえで、会計検査は不可避な存在です。埋蔵文化財専門職員には考古学的な知識と技術だけではなく、行政職員としての一般的かつ高度な事務的な能力（説明責任）も求められていることを十分に自覚する必要があります。

(2)　指定された史跡は購入しないといけないのか？

　地方公共団体は、国の史跡に指定された土地を補助金によって購入することができます。そのこともあってか、「史跡に指定されたので、その土地を早く購入しないといけない」という話をしばしば聞きます。しかしはたして、史跡指定＝土地購入なのでしょうか？

　法第129条には「管理団体である地方公共団体その他の法人が、史跡名勝天然記念物の指定に係る土地又は建造物その他の土地の定着物で、その管理に係る史跡名勝天然記念物の保存のため特に買い取る必要があると認められるものを買い取る場合には、国は、その買取りに要する経費の一部を補助することができる。」と記されています。管理団体とは、その史跡名勝天然記念物を適正に維持・管理するため、文化庁長官がその役割を担うべく指定した団体のこと

で、おもに地方公共団体がその対象となります。

　ここに記されたように、購入は「保存のために特に買い取る必要があると認められるもの」に対しておこなわれます。したがって、その必要がないもの、例えばその土地の所有者が史跡指定前から営農していて、指定後も新たな掘削などをおこなわない、現状変更が伴わない営農を続ける場合は購入する必要はありません。ところが、所有者が営農を止めて他の目的で新たに土地を掘削しようとしても現状変更は認められないため、所有者にとっては制限や不利益が生じることになります。このような状況になって初めて、所有者の制限や不利益を解消するために「買い取る必要がある」ということになります。またこのほかにも、例えば当該地方公共団体が史跡の活用を目指して整備事業などを実施しようとする場合は、所有者の意向を最大限尊重しながら購入を進めることが必要になります。このように、史跡地の購入はその必要性が生じた時におこなう行為なのです。

コラム 14　　二つの追加指定

　追加指定とは、既存の史跡の指定範囲を広げて、新たに指定地を追加することです。その理由はおもに以下の二つがあります。

　一つは、本来指定すべき範囲が決まっていても、そのなかの一部の土地について所有者の同意が得られず指定できなかった土地が、後日所有者の同意を得て指定を追加する場合です。法第4条で示されているように、文化財保護には「関係者の所有権その他の財産権」が最大限尊重されるため、所有者の事情に応じた追加指定は適宜・適切におこなわれなければなりません。

　もう一つは、史跡指定後の発掘調査で得られた成果や考古学及び歴史学的な研究の進展により、既存の指定範囲では不十分であることが明らかになった場合です。すなわち、その史跡の本来保護すべき範囲の完全性を求め、さらに指定範囲を広げる必要がある場合です。もっ

とも、この場合でも、土地の所有者の同意が必要になるため、複数の所有者がいる場合でも一人一人の同意を得るごとに追加指定がおこなわれることもあります。

　追加指定といっても、その都度新規の史跡指定と基本的には同じ手続きが必要になるため、どうしても手間と時間がかかります。しかし、指定範囲の完全性を目指すということは、その史跡の価値を後世に正しく確実に伝えるという点において不可欠な行為になります。したがって、少しずつでも追加指定を進めることはとても重要な作業なのです。それだけに、追加指定が必要とわかっていても、何ら特段の対応を執るわけでもなく、ただ放置状態にされた史跡をみることはとても残念です。

第**4**章　埋蔵文化財と考古学の関係性再考

　埋蔵文化財保護行政と考古学研究が一体的な関係性を有していることは、『入門』の第8章でも詳述しました。ここでは、発掘調査自体とは必ずしも直接的な関係性はありませんが、発掘調査の周辺や間接的な関係性として存在する事項について、いくつかの項目を設定してその実態・課題・展望について考えてみます。

1. 自然科学（理化学）分析の意義と是非

　『発掘調査のてびき——集落遺跡発掘編——』（文化庁 2010）によれば、自然科学分析とは「遺物や遺構から、自然科学的な手法を用いてさまざまな情報を抽出すること」とし、「従来の考古学的な方法だけでは得がたい、過去の自然環境やそれに適応した人間の活動、各種遺物の構造や材質、遺物・遺構の年代など、多様な情報を引き出すことができ、過去の人間活動や環境復元」をおこなうことと位置づけられています。

　現在の考古学、特に発掘調査において自然科学分析は不可欠なものであり、通常の考古学的な成果と総合することで、多くの成果を得ることができます。しかし一方で、それらは我々が肉眼では確認できない事例がほとんどであり、また、考古学だけでそれを直接的に検証することも不可能です。したがって、自然科学分析の導入に際しては、自然科学分析に関する基礎的な知識はもちろん、目的に応じた適切な対応や十分なチェック体制が求められます。このよう

なことを踏まえ、ここではしばしば問題になりながらも、遺物の材質や含有物の特定に有効な破壊分析について考えてみます。

（1）文化庁「出土品の取扱いについて」の考え方

　1997（平成 9）年 2 月、文化庁は増え続ける出土品（文化財と認定されないすべての出土物を含む）の保管・管理が問題化しつつある現状を踏まえ、その保存と活用に関する今後の方向性を『出土品の取扱いについて』として報告しました。その要点は、「一定の基準に基づき、将来にわたり文化財として保存を要し、活用の可能性のあるものと、それ以外のものとに区分し、その区分に応じて保管・管理その他の取扱いを行う」ことです。そして、まさに保存・活用の必要性と可能性がないものについて、一つの手段として廃棄の考え方が示されました。ただし、この区分の基準については、「文化財についての社会的認識の変化や判断の根拠となる学術的な知見の進歩・発見等に従ってその時代に最適なものに改められていくべき」とされています。

　このことを踏まえ、具体的には、同一遺跡から同種・同型・同質の遺物が膨大に出土した場合は総体の記録を採った上で一定量のみ保存する考え方や、接合の可能性がないほどに摩滅した小さな土器片などで他に活用の可能性が見いだせない場合は保存を要しない考え方など、さまざまな事例が示されました。

　この報告がなされた 1997（平成 9）年当時と現在とでは、まさに「文化財についての社会的認識」は変化し、「学術的な知見の進歩・発見」は日進月歩で進んでいます。すなわち、自然科学分析が急激に進展している現在、破壊分析によって多くの情報が得られるなら、十分な検討を踏まえたうえで、それを活用の一つとして積極的に位置づける必要があると考えられるのです。

(2) 何故、破壊分析を嫌うのか？

　埋蔵文化財保護行政において、遺物の廃棄を正しく公的におこなった事例はいまだ管見にありません。その理由の一つには、文化庁が前述の報告で、保存と活用を真剣かつ徹底的に検討した上で、実際の廃棄に際しては「何を、どこにおいて、どのような措置を執ったかの概要に関する記録・資料を作成し、保管しておくことが必要」としていることがあります。これにより、実際に廃棄するには、目に見えない高いハードルが存在するようです。このほかに、廃棄への漠然とした罪悪感と嫌悪感があるようです。これはたとえ記録保存調査であっても、発掘調査を通じて国民的財産として遺跡と遺物をしっかりと守ってきたという発掘調査担当者の自負や誇りがあり、時にそれは強い愛着にもなると考えられます。これは決して否定的なことではなく、自分の仕事に自信と誇りを持っている証拠ともいえます。

　破壊分析に対しても、上述の遺物の廃棄と同様な意味合いがあります。もっとも、破壊分析となると、廃棄とは違ってこの世から消滅するわけですから、ことはそう簡単ではありません。しかし、十分な検討の結果、もはや保存と活用の方策が見当たらない遺物を破壊分析することで、大きな成果を得て新たな活用の可能性が生まれる事実も、また真摯に受け止めなければなりません。

　ところで、破壊分析する遺物については、図面や写真で記録を残すことはもちろん、近年は3Dプリンターによって精密なレプリカを製作することも可能になりました。これも技術の進歩の産物であり、破壊分析によって消滅する遺物の情報を最大限残す方法も発展・多様化しています。このように、破壊分析に至るまでの手順を正しく理解することも、遺物の活用の可能性を広げるという観点においては重要です。

　なお、破壊分析の対象となる遺物には、点数が多い遺物、小破片

や遺存状態が悪い遺物などの条件が前提となります。仮に保存と活用の可能性がほぼなくても、その遺物に「稀少性」という特徴があるなら、十分な配慮が必要になることはいうまでもありません。

(3) 進化する自然科学分析への対応

　今日、自然科学分析は凄まじい勢いで進化と多様化が進んでいます。これにより、以前おこなった自然科学分析の結果がさらに深まる場合もあれば、意図せずに異なる結果になることもあります。前述したように、考古学だけではその直接的な検証は難しいため、自然科学分析に関する基礎的な知識や目的に応じた適切な利用が必要になります。

　この場合注意を要することは、自然科学分析をおこなう遺物については、今後も再検証が可能な状況を保持するということです。すなわち、一回性の分析で終わらないように、例えば破壊分析の場合も遺物のすべてを対象とするのではなく、その一部を保管しておくといった方法などが考えられます。これは発掘調査における保存目的調査に通じる考え方で、記録保存調査のように完掘を目指すのではなく、目的を達成したら掘削は止めて今後の検証のために掘り残す、という考え方と同じです。

　現在の考古学において、自然科学分析の利用は不可欠であり、むしろこういった学際的な取り組みが主流になりつつあります。それだけに我々は、埋蔵文化財保護という観点も踏まえながら、正しい知識と考え方を身に着けて対応することがいま求められています。

2.　発掘調査成果を伝える方法

　発掘調査成果を国民に伝えることは、埋蔵文化財が国民的財産である以上当然のことです。これまでも埋蔵文化財保護行政では、保

存と活用という観点からこの伝
える取り組みを積極的に進めて
きました。ここではこの「伝え
る」方法や考え方について整理
してみます。

(1) 小さな説明板、大きな意義・効果

遺跡の説明板。いまや全国各
地、津々浦々、大きなものから
小さなものまで、文字だけのも
のからカラーでビジュアルなも
のまで、日本には多くの遺跡の
説明板があります。海外の考古
学関係者によると、保存した遺
跡や重要な遺跡への説明板はど
この国でもおよそ同じ対応のよ
うですが、記録保存調査で消滅
した遺跡や小さくてそれほど有
名でない遺跡でも説明板がある
のは、どうも日本くらいのよう
です。

説明板の効果は多様で絶大で
す。通常、説明板のある場所が
遺跡のある、あるいは遺跡の
あった場所になります。遺跡地
図はそれを見る場所に関係な
く、遺跡の具体的な位置はもち

図28　百舌鳥古墳群のオシャレな標識

百舌鳥古墳群（大阪府堺市）には、同様
の古墳標識が要所要所に配置されていま
す。現在自分がいる場所、どの方向の何
m先にどの古墳があるのか、さらに4
カ国語対応。通行の邪魔にならず、色も
目立たず、しかし見やすくてわかりやす
い。どの標識も同じ仕様にするなどの工
夫が随所にみられます。（筆者撮影）

ろん、一定の地域における複数の遺跡の位置関係など、広範囲での情報の把握にはとても便利です。しかし、詳細な周辺の地形や景観などは、現地に行かないと簡単には把握できません。これに対し、実際の遺跡に立って説明板を見ると、周囲の地形や景観を背景に当時の様子が想像でき、独特な雰囲気や時にリアルな臨場感を味わうことができます。

説明板の意外な効果としては、開発事業への抑止力です。開発事業者が開発予定地に下見に来たときなどに遺跡の説明板を見つけると、開発予定地及びその周辺に遺跡が存在することを予見します。これにより、かなり早い段階から遺跡保護の意識を持つことになり、その後の地方公共団体の文化財保護部局とのやり取りも概してスムーズになります。

説明板の種類もさまざま。陶板やしっかりとした金属製のものもありますが、これらは概して高価で改変ができません。遺跡の価値や評価は、考古学研究や地域史研究の進展によって変わる場合が少なくありません。したがって、安価で改変が可能な説明板の活用が有効な場合もあります。また、地方公共団体単位でスタイルを揃えることも重要で、書式や色調によって、一目で遺跡の説明板とわかる工夫も必要です。

遺跡の説明板が持つ可能性は多様です。アイデア次第で効果は2倍にも3倍にもなります。計画的な説明板の設置は、埋蔵文化財保護行政にとって極めて強力な武器になります。

(2) 現地説明会の意義と必要性

現地説明会は多くの場合、発掘調査の最中や区切りが付いた時に現地で開催されるため、その成果の速報性という点において効果は絶大です。その上、生の遺跡を目の当たりにする臨場感は、埋蔵文化財保護行政のほかのどの場面にも優るものはありません。しか

し、この現地説明会を開催するまでの現場担当者の苦労は意外と知られていません。日程の調整から始まって、当日見ていただく現場の整備・清掃、配付資料の作成や遺物の展示、見学者の動線設定や安全管理、天候に応じた対応、報道機関への発表や説明会日時の周知、地域住民への配慮など、それに関わる準備の大変さは経験した人でないとわかりません。

　現地説明会は、埋蔵文化財保護行政のはじまりとされる 1965 年以前から、学術目的調査においてもしばしば実施されていました。そして、1960 年代後半以降に急増する大規模開発に伴う記録保存調査において、現地説明会は消滅する遺跡の意義を少しでも地域の方々へ伝える手段として、埋蔵文化財保護行政における重要な要素の一つとなりました。また、1980 年代になると、遺跡を現状保存する場合に、地域の方々にその遺跡の重要性を理解いただき協力を得るための現地説明会も徐々に増えていきました。このように、現地説明会の意義と目的には、現在でもこの 2 種類が存在します。

　ところで近年、現地説明会のルーティン化や消化試合のような現地説明会も稀にあるようです。現地説明会も長く続けることでマニュアル化が進み、必要な道具類もパッケージとしてまとめられています。また、現地説明会をしないなら報道発表もしない、あるいは報道発表をするからとにかく現地説明会もする、という何が目的かわからない事例もしばしばみられます。これは善意に解釈するなら、現地説明会が発掘調査の一部として根づいた証ということもできますが、やはり誰のための現地説明会なのか、今一度改めて考える必要があります。

　現地説明会が注目される遺跡の場合、見学者が数百人から数千人に及ぶこともあります。反対に、発掘現場の規模が小さい場合や交通の便が悪い場合、あまり注目されない遺跡や天候が不良な場合など、時として見学者が十人前後の時もあります。しかし、現地説明

会の意義は見学者の人数の問題でなく、まずは遺跡の周辺で生活を
する地域の方々に、そして注目される遺跡の場合にはより多くの
方々に生の遺跡を見ていただき、わかりやすい説明や資料を通じて
遺跡に対する理解や郷土愛の醸成をはかることが第一義なのです。

コラム 15　現地説明会での寸劇

　現地説明会の最大の目的は、地域の方々を中心とした見学者のみな
さんに、その遺跡の意義や重要性、さらには考古学研究とは、埋蔵文
化財保護とはといった遺跡にまつわるさまざまな情報を、わかりやす
い説明や配布資料を通じて理解・把握していただくことです。その具
体的な手法としては、専門用語や考古学的な図面類ではなく平易な言
葉やイラストなどを多用する、配布資料を見やすいカラー刷りにする、
現地での出土品の展示は破片資料ではなくできるだけ完形品を使う
(他遺跡の関連する既存の完形品の展示も可)、などが挙げられます。
そして、それをさらに追求した結果、有識者による現地講演会や、古
代人が登場する寸劇へと発展することもあります。

　大阪府の東大阪市と八尾市にまたがる池島・福万寺遺跡では、財団
法人(現公益財団法人)大阪文化財センターの埋蔵文化財専門職員が
古代人に扮して、さまざまな寸劇を 1990 年前後に実施しました。なか
でも、古墳時代の玉作りをおこなう集落遺跡を発掘調査した時には、
排土を使って2段築成の前方後円墳を造り、集落の四季とそこでの生
活、玉作りの様子とその使用、大王の登場、古墳の築造、大王の逝去
と葬送儀礼、といったストーリーを、ナレーションと台詞と音楽(効
果音・BGM)の挿入を交えながら、総勢 20 人の職員など関係者で演じ
ました。見学者は楽しく古墳時代のことを学び、遺跡への理解度は深
まり、また現地説明会に参加しようという意識になりました。そして、
マスコミも「ユニーク現地説明会」と題して注目し、それを通してま
た見学者がやってくる、という相乗効果も生まれました(江浦 1993)。

　現在、このような現地説明会をみることはほとんどありません。業
務の多様化と多忙化、安全管理とコンプライアンスの遵守、計画通り
の事業の進行と職員の福利厚生など、現実を踏まえるなら現地説明会

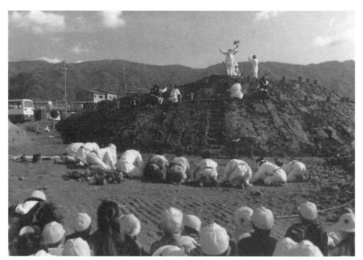

図 29　寸劇での醍醐味（池島・福万寺遺跡）

写真上は前方後円墳上でおこなわれる葬送儀礼の再現。写真下は、水田を巡る争いの
再現。そしてそれらを食い入るように見守る小学生たち。演じる埋蔵文化財専門職員
も存分に楽しんでいます。ちなみに、写真下の背後に見えるやぐらは、ドローンもな
く、上空からの写真撮影がまだ高額だった時代に普及した、遺跡全景撮影用の高所作
業施設（通称：ローリングタワー）で昭和な時代を感じさせます。（江浦 1993）

の定型化・ルーティン化はまさに現実的な路線になりつつあるようです。しかし、はたしてそれで良いのか？何故に誰のために現地説明会をするのか？今一度原点に立ち返り考える必要を強く感じます。

(3) 保存した遺跡はすべて整備・活用が必要か？

歴史的・文化財的重要性が評価され現状保存された遺跡は、その重要性を地域の方々や国民のみなさんに伝えるために、通常は整備・活用されることが原則となります。しかし、現状保存されたすべての遺跡に、はたして整備・活用は本当に必要なのでしょうか。

遺跡にもさまざまな種類があります。例えば、海の正倉院と呼ばれる沖ノ島（福岡県宗像市）は玄界灘沖約 50 km の海中にあり、4 世紀から 8 世紀にかけてさまざまな国家的祭祀がおこなわれまし

図 30　東名遺跡（佐賀県佐賀市）の現状
東名遺跡は、旧崖線に沿って斜面貝塚が形成されていました。写真中央部の右寄りに見える白い部分は、貝塚を表面表示した部分ですが、実際の貝塚はその真下にパッキング保存されています。ここは調整池であるため全体が湿地状になり、さまざまな野鳥が集まり新たなバードウォッチングの名所となっています。（国土交通省九州地方整備局提供）

た。沖ノ島は絶海の孤島という地理的な条件もありますが、長きに
わたってその神聖性が重視され、国の史跡に指定されていますが、
現在まで整備などはなされていません。

　東名遺跡（佐賀県佐賀市）は縄文時代早期末葉の複数の貝塚や
低湿地型貯蔵穴からなる極めて稀有な国の史跡であり、大規模な調
整池の建設事業に際して現地表面下5mから発見されました。遺
跡の維持には低湿地であることが不可欠であるため、特殊な工法に
より遺跡全体がパッキングされています。したがって、貝塚や低湿
地型貯蔵穴を現地で見ることはできませんし、そもそも調整池であ
るため大雨に際しては水没して近づけなくなります（図30）。

　鷹島神崎遺跡（長崎県松浦市）は、1281（弘安4）年の蒙古襲来
に際して元軍や高麗軍の軍船が多数沈没したことが確認できる伊万
里湾内の水中遺跡です。鷹島の神崎沖、東西1.5km、沖合200m
が国の史跡に指定されています。遺跡自体は伊万里湾一帯に広がる
と考えられますが、この史跡指定範囲は安全に潜水作業ができ遺跡
の存在が確実に把握できる水深20mまでの範囲に相当します。

　弥生二丁目遺跡（東京都文京区）は、弥生時代を規定する契機
となった最初の弥生土器（重要文化財「本郷弥生町出土壺形土
器」）が発見された場所に関連する遺跡です。この土器が発見され
た正確な場所は現在も不明ですが、弥生時代の時代名称の標識とな
る記念碑的な遺跡であるため、恐らく同一遺跡の一角と想定される
場所が国の史跡に指定されました。

　以上に挙げた事例はごく一部ですが、いずれもさまざまな特徴や
これまでの経緯により、現地での整備・活用が積極的におこなわれ
ていない遺跡です。沖ノ島は長く現状が維持されてきたことが重要
であり、この現状の維持こそが遺跡の価値になります。東名遺跡や
鷹島神崎遺跡は、現実的には現地での整備・活用が難しい遺跡で
す。弥生二丁目遺跡は、日本の考古学・歴史学において記念碑的な

遺跡としてその場所が重視されます。このように、遺跡はその種類や内容、遺存状態や立地や周辺環境など、一つとして同じものはありません。したがって、その遺跡の持つ特徴・個性に応じた整備・活用が必要になりますが、保存することに意味があり、現地で整備・活用をすることが難しい、あるいは適当でない遺跡の存在も無視できません。

なお、このような遺跡については、後述するように、その遺跡の近接地においてガイダンス施設などを設置して、遺跡の説明に務めることが遺跡を理解する上でとても重要になります。

(4) ガイダンス施設の意義

現状保存された遺跡の特徴や内容を、地域の方々や国民のみなさんにわかりやすく理解していただくには、ガイダンス施設が重要な役割を担います。

貝塚、古墳、城跡など、地上にその一部が露出する、あるいは構造物があることから、およその種類や年代を把握できる遺跡もあります。しかしそれらは全体からみればごく一部で、ほとんどの遺跡はまさに埋蔵文化財であり目視できない状態にあります。仮に目視できる遺跡でも、詳細で正確な年代や範囲や構造についてはほとんどわかりません。このような場合、近接地にガイダンス施設があるととても有益かつ便利です。

ガイダンス施設もいろいろ。説明板を中心に駐車場や便益施設だけに特化した施設、出土遺物を展示するコーナーを有する施設、遺跡の性格に応じて体験学習ができる施設、小規模な講演会やボランティア団体の育成や活動もできる施設、通常は入れない古墳の石室を実大復元してその大きさを体感できる施設など、工夫次第でさまざまな役割のガイダンスが可能になります。

このガイダンス施設で重要な要素は、その遺跡の近接地にあるこ

図31　楽しめるガイダンス施設（上：下関市立考古博物館、下：吉胡貝塚資料館）

綾羅木郷遺跡は弥生時代前期末から中期初頭の貯蔵穴群の遺跡。近接した下関市立考古博物館のエントランスでは、半地下式による実物大の貯蔵穴を再現し、左は弥生人がその貯蔵穴を利用する風景を、右では現代の考古学者がその貯蔵穴を発掘調査する風景が再現されています。吉胡貝塚は縄文時代晩期の墓地を伴う貝塚遺跡。近接した吉胡貝塚資料館では、1階では遺物の展示を中心に、その真上の中2階では縄文人の生活の様子を再現しています。いずれも限られた空間のなかでのアイデアに満ちた展示であり、来館者を楽しませてくれます。（筆者撮影）

と。新規にガイダンス施設を建設するとなると、予算的な制約によって実現が難しい場合もあります。そこで近年、既存の別施設を再利用・改修したガイダンス施設がしばしばみられるようになりました。これは既存施設の有効活用という点において素晴らしい発想・取り組みです。しかし、それが遺跡から遠いと、遺跡をイメージしにくいことが多く、遺跡の理解にはあまり適しません。やはり、遺跡に近接した場所で一体的に遺跡の重要性を体感できること、すなわち、遺跡を見ながら遺跡の内容を把握することが、ガイダンス施設に求められる最大の条件といえるでしょう。

　なお、ガイダンス施設も遺跡の整備と同じで、完成した瞬間から施設自体の劣化や内容の流行遅れがはじまります（『入門』第6章3）。ガイダンス施設も建設当初は予算が付きますが、その維持・管理となると安定的な予算の確保は難しくなり、頻繁なリニューアルなどはとても望めません。したがって、難しい問題ではありますが、計画段階からそのことを念頭に置いたガイダンス施設にすることが、今後のガイダンス施設の整備・活用にとって大変重要なポイントになるでしょう。

コラム 16　二つの埋蔵文化財センター

　埋蔵文化財センターというと、公立にしろ法人にしろ発掘調査を実施する組織・機関としての埋蔵文化財センターと、当該市町村にとって埋蔵文化財保護の全般に関する中核的な施設としての埋蔵文化財センターとがあります。

　前者は、都道府県や一部の規模の大きな市町村に設置され、発掘調査を担当する埋蔵文化財専門職員やそれに係る事務職員が多数在籍します。発掘調査以外の具体的な業務内容としては、整理等作業や報告書作成、遺物や報告書などの図書類の保管・管理、出土遺物の展示や遺跡や発掘調査情報の公開、各種講演会や体験学習などをおこなっています。

　後者は、前者のうち発掘調査を実施する機能を除いた施設となります。もちろん、埋蔵文化財専門職員や事務職員も常駐しますが、施設の機能としては発掘調査以外が中心となります。特に後者は、文化庁の国庫補助事業のなかの「埋蔵文化財センター設備整備」という項目に従い既存施設の改修によって設置が可能なことと、平成の大合併によって施設の統廃合により空いた施設の再利用という目的に合致することから、近年全国的に急増しています。

　埋蔵文化財センターは、埋蔵文化財や考古学に関する情報を集積・発信する中核的な施設として、その存在意義は今後さらに高くなっていくと考えられます。それだけに、計画的な設置や地域の方々がドキドキ、ワクワクするような取り組みが大いに期待されます。

3.　日本の世界文化遺産と発掘調査

(1)　日本の世界文化遺産

　世界遺産とは、1972（昭和47）年に制定され1975（昭和50）年に20カ国の批准により発効された通称「世界遺産条約」（正式名称「世界の文化遺産および自然遺産の保護に関する条約」）に基づき、世界遺産リストに登録された遺産を指します。日本は1992（平成4）年にこの条約を批准し、1993（平成5）年には文化遺産として「法隆寺地域の仏教建造物」と「姫路城」が、自然遺産として「屋久島」と「白神山地」が登録され、現在は文化遺産20件、自然遺産5件になりました。

　日本では、世界文化遺産に関する大きな画期がこれまで3回ありました。一つ目は、世界的潮流であった文化的景観という概念を取り入れ、2004（平成16）年に文化財保護法を改正したことです。文化的景観とは「地域における人々の生活又は生業及び当該地域の風土により形成された景観地で我が国民の生活又は生業の理解のため欠くことのできないもの」（法第2条）と位置づけられています。

この文化的景観の影響もあり、登録すべき単独の建造物が減少した日本ではその後、広域に及ぶ複数の資産を同じテーマで関連づけ「顕著な普遍的価値」を見出すシリアルノミネーションという手法が主流となっています。その結果、遺跡も構成資産として含まれる事例が増えてきました。

　二つ目は、それまで文化庁が独自に進めていた登録候補遺産の選定を、2006・2007（平成18・19）年に地方公共団体からの公募に切り替えたことです。これにより合計で24件の候補遺産が挙がってきましたが、文化庁はそれらの取り扱い（ランク分け、推薦順序の調整、候補遺産ごとの内容の調整など）に追われることになりました。また、それらの多くはシリアルノミネーションであることから遺跡が多数含まれることも特徴で、埋蔵文化財保護行政の存在意義と重要性も一層注目を集めることになりました。

　そして最後の三つ目は、2021（令和3）年3月の「我が国における世界文化遺産の今後の在り方（第一次答申）」において、世界遺産暫定一覧表に記載された資産の見直しが示されたことです。すなわち、暫定一覧表の改定に際しては地方公共団体からの公募をおこなわないことと、一定期間活動が認められない資産の削除の検討が明記されました。2006・2007（平成18・19）年の公募により暫定一覧表の資産は一気に増えましたが、この15年間で世界遺産の考え方や進め方が大きく変わっており、それに併せたタイムリーな対応と評価できます。

(2) 世界文化遺産と考古学

　世界遺産は、国内法で保護されることが登録の条件になります。日本の場合、世界文化遺産は文化財保護法による史跡や名勝や建造物の重要文化財指定、もしくは重要伝統的建造物群保存地区や重要文化的景観の選定などが必要になります。遺跡の史跡指定では、発

掘調査による内容や範囲の確定が不可欠です。

　1993（平成 5）年の「法隆寺地域の仏教建造物」と「姫路城」から 1999（平成 11）年の「日光の社寺」までの登録資産は、すでに年代や内容や範囲などが確定していた建造物及び寺社の境内地であるため、基本的に発掘調査は必要ありませんでした。唯一 1998（平成 10）年の「古都奈良の文化財」には「平城宮跡」が含まれますが、これはすでに発掘調査や整備事業がほぼ終えていた資産です。

　ところが、2000（平成 12）年の「琉球王国のグスク及び関連遺産群」以降、2016（平成 28）年の「ル・コルビュジエの建築作品──近代建築運動への顕著な貢献──"国立西洋美術館"」を除き、すべての登録遺産には遺跡が含まれるか、あるいは遺跡だけによって構成される遺産になります。これにより日本では近年、登録を目指す構成資産としての遺跡では、新規の史跡指定や史跡の追加指定を目的とした発掘調査がとても増えてきました。言い換えるなら、現在の日本において世界文化遺産への登録を目指す場合、発掘調査なしには実現が不可能になってきたとも言えるのです。

　日本では、世界文化遺産への登録を今後も継続的に進めると考えられます。主要な建造物や寺社の境内地の登録が一通り終えた現状において、シリアルノミネーションという手法は日本にとって不可欠です。したがって、それに伴い世界文化遺産への登録のための発掘調査は継続的かつ安定的に続くでしょう。

コラム 17　世界文化遺産の光と影

　本来、危機遺産を保護することからはじまった世界遺産の取り組み。しかし近年、その本質的な趣旨が失われ、地域振興・観光のための世界遺産へと変容しています。それは時に、地方公共団体の首長の選挙公約であったり、オーバーツーリズムの要因であったりと、問題自体も多様化しています。

　ところで、遺跡が世界文化遺産の構成資産として注目されだした現

在、埋蔵文化財保護行政的にもいくつかの問題が顕在化してきました。そのなかでも注意を要するのは、世界文化遺産登録への取り組みから外れた遺跡の存在です。シリアルノミネーションという手法では、テーマによって遺跡が選択されます。選択された遺跡は、新規の史跡指定や追加指定を目指して総括報告書の作成までを含めた発掘調査が実施され、指定後は整備・活用も進められます。一方で、非常に重要な遺跡であっても、時代や種類によってはテーマに合致せず選択されない遺跡も少なくはありません。これらについては、当該地方公共団体の財政状況や保護体制の事情により、発掘調査を含めた保護の取り組みが遅れがちです。遺跡の保護をすべて一斉におこなうことは現実的には無理ですが、遺存状態や開発事業との関係から保護が急がれる遺跡の取り扱いをどうするのか。世界文化遺産の取り組みに伴い顕在化してきた難しい問題です。

図32　交番の三内丸山遺跡

2021 年世界文化遺産に登録された三内丸山遺跡（青森県青森市）の近くにある三内丸山交番。三内丸山遺跡で確認され象徴的な 6 本柱建物を入口に、壁のデザインは重要文化財の板状土偶をモチーフにしています。少し強面イメージの交番を親しみやすく和やかに。交番側が独自に製作したそうですが、おかげで三内丸山遺跡のイメージアップにも繋がります。（筆者撮影）

(3)　復元整備は必要か？

　日本の遺跡は地下に埋もれたものがほとんどです。前述したように、貝塚や古墳や城跡のように地上に露出することも稀にあります。しかし、木造建造物の場合は本来存在した上屋部分はほとんど遺存せず、その床面や基礎部分だけが地中に遺存して、我々はそれを発掘調査することになります。このような状況から、日本では遺跡整備に際して本来存在した上屋部分を復元することが、遺跡を理解する上で重要な手法と位置づけられてきました。

　ところで、日本を訪問する世界文化遺産関係者の母国の建造物は石造が主体です。したがって、日本の木造建造物については、たとえそれが伝統的な手法によって修理・修復を繰り返し同じ構造のま

図33　復元建造物の工夫

縄文時代の集落遺跡において、竪穴建物の復元は当時の集落景観や生活を理解するうえで重要な取り組みです。その上で、どのように復元したかを目で見てわかるようにする工夫も大切です。2021年世界文化遺産に登録された大船遺跡（北海道函館市）では、発掘調査で検出された竪穴建物について、発掘調査時の状態、骨組みだけで内部の構造がわかる状態、土屋根を掛けた状態、の3種類の復元をおこなうことで何を根拠にどう復元したかがわかるような工夫がみられます。（筆者撮影）

ま現在まで伝わるものであっても、その関係者の間ではそれを文化遺産として取り扱うかどうかが問題になりました。しかし、1994（平成6）年の奈良カンファレンスでは、「遺産はそれが帰属する文化の文脈の中で考慮され評価されなければならない」とされたことにより、日本の木造建造物も日本の文化の中で考慮・評価することが認められました（奈良ドキュメント第11条）。

　また、完成度の高い遺跡の復元整備についても、海外の世界文化遺産関係者には当初は少し奇異なものに映ったようです。しかし、それらはまったくの想像の産物ではありません。あくまで発掘調査成果に基づき、その場所での忠実な規模や構造の復元、遺存物の分析を踏まえての使用部材の選択、文献や実存する古い建造物との比較検討などを徹底的に進めた上での復元になります。このことを丁寧に説明すると、多くの海外関係者はまず精度の高い日本の発掘調査と分析・検討の結果に驚き、そしてこの日本の木造建造物の文化と生活様式の在り方や、遺跡における忠実な復元手法におよそ理解を示すようになります。すなわち、日本にとって遺跡の復元整備は必要な手法であり、それは遺跡の評価の妨げにはならないという考えに至るのです。

　このように、日本の精緻な発掘調査に基づく遺跡の復元整備が、世界文化遺産への登録に際して改めて正しく評価されたことはとても素晴らしいことと考えます。

コラム 18　日本遺産の光と影

　日本遺産とは、地方公共団体が地域に点在する有形・無形の文化財をストーリーという枠組みの中で面的に捉え、それを一体的に整備・活用して国内外へ発信し、地域の活性化を図ることを目的とした取り組みです。具体的には、地方公共団体が策定したストーリーを文化庁が日本遺産として認定するもので、当初は2015（平成27）年から2020

（令和 2）年までにおよそ 100 件の認定が目標として掲げられました（文化庁 HP）。

　日本遺産という象徴的かつ魅力的な名称、国指定・選定文化財は最低 1 件で良いという緩やかな条件、認定後 3 年間交付される 100% 補助の高額補助金などから、地方公共団体においては人気が高く応募が殺到しました。実際にこの事業を通じて、無指定文化財への意識や新たな視点による地域史の見直し、そして観光資源の創出など、一定の効果は認められます。

　しかし一方で、法律などで定められた制度ではないため安定性に欠けること、ストーリーを認定しているため現地を訪問しても実物が存在しない場合が少なくないこと、補助金の交付期間後の予算措置の難しさ、観光的要素が強く文化庁・教育委員会所管事業としての違和感、そしてそもそも認知度が必ずしも高くないことなど、いくつかの課題があるのも事実です。また、地方公共団体によっても日本遺産への取り組み度合に格差が生じており、今後の進め方が注目されます。

4.　遺物の情報を読み取る

(1)　遺物実測の意義と必要性

『発掘調査のてびき』（文化庁 2010）において、遺物実測（いわゆる「手測り」）は「観察の結果を図化し、記録する作業であり、文字による記述や写真、拓本などとともに、遺物の情報を保存・伝達する重要な手段」と位置づけられています。その手法は、正射投影法によって立体物を二次元の平面図に置き換えるもので、正しい手順と高い精度が求められます。だからといって、例えば弥生土器のハケ目一本一本までを厳密に測り図化することは現実的ではありません。ここで求められるものは、ハケという製作技法（器面調整）の存在と製作工程上の順序や範囲などの情報であり、それが示される模式的な表現が適切な場合もあります。

　遺物実測には、埋蔵文化財専門職員の観察力を養うという役割も

あります。遺物の製作技法や製作工程を明らかにするには、遺物に残された情報を正しく把握し、その情報を忠実に読み取り抽出して図化することが必要です。遺物実測をおこなうことで観察力は高まり、高まった観察力によりさらに多くの情報を遺物から抽出することが可能になります。

　しかし、すべての遺物を埋蔵文化財専門職員が実測することは現実的には不可能です。そこで、整理作業員や外注によって実測図を作成することになります。しかし、最終的には埋蔵文化財専門職員がその実測図の内容が適切かどうかを判断することになるので、結局は観察力がなければそれはできません。また、実測を効率的にお

図 34　遺物実測を学ぶ学生

遺物実測に関する基礎的な知識と技術は、大学の考古学実習や参加した発掘調査の整理等作業で学ぶことが一般的です。学部の 3・4 年生になると卒業論文などで忙しくなり、また上級生として 1・2 年生の前で遺物実測を学ぶ姿は抵抗もあり、あまり実測を学ばなくなります。したがって、1・2 年生のうちにどれだけ遺物実測を学ぶかが、その後の考古学研究や埋蔵文化財保護行政の仕事に大きく関係します。（筆者撮影：2020 年 9 月コロナ禍でのアクリル板設置、マスク着用、換気の徹底といった状況での遺物実測風景。）

こなう手法として、デジタル技術による三次元計測も普及してきましたが、ここでもやはり埋蔵文化財専門職員による観察力に基づく判断（計測内容のチェックなど）が最終的には求められます。実測の本質は、観察による遺物情報の抽出であり、それは整理等作業の体制の充実やデジタル技術の進歩とは関係なく、埋蔵文化財専門職員が有すべき不変的で基本的な技術なのです。

(2) 遺物実測という技術の習得

　遺物実測をはじめ、実測図のトレース、遺物の写真撮影、屋外での地形測量、発掘現場での遺構実測など、かつてアナログ的な手法でおこなわれていた作業も、デジタル技術の急速な普及によりその作業内容が大幅に変わってきました。発掘調査全体の効率化と経費節減、さらには考古学研究の深化とともに、デジタル技術の導入は当然のことです。しかし、どれほどデジタル技術が発展してそれを導入しても、考古学の本質は変わりません。

　前述したとおり、遺物実測は埋蔵文化財専門職員の観察に基づき遺物情報を抽出することが目的であることから、今後もアナログ的な技術の取得は不可欠です。実測図のデジタルトレースや遺物のデジタル撮影はすでにかなり普及していて、特に写真撮影がアナログ的な手法に戻ることはもはやほぼないでしょう。しかし、トレースにしても写真撮影にしても、遺物のどの部分の情報をどうやって写し取るかという点においては、見よう見まねの対応では無理で、やはり遺物実測に必要な観察力がなければできません。屋外での地形測量や発掘現場での遺構実測も、地形や遺構の情報を読み取る考古学的に正しい知識と技術がなければできません。

　これらの知識と技術を身に着けるには、大学における考古学教育が最初であり、もっとも重要な機会となります。それは考古学実習という授業の場合もあれば、考古学研究室で実施する発掘調査（発

掘作業＋整理等作業＋報告書作成）の場合もあります。これらの機会において、学生は初めて考古学にとって必要な知識や技術についての基本的な原理や手法を学ぶことになります。具体的には、遺物実測はもちろん、アナログトレース、平板による地形測量、間竿（けんざお）による遺構実測などがあります。学生時代にこれらを経験することは、その後の埋蔵文化財専門職員としての職務遂行や考古学研究にとって極めて重要な最初の機会（基礎中の基礎）として位置づけられています。したがって、大学としてもそれが実現できるような体制や環境づくりが強く求められます。

コラム 19　遺物実測経験が少ない埋蔵文化財専門職員

　近年、遺物実測経験の少ない埋蔵文化財専門職員（このコラムに限り以下「専門職員」とする。）が増えています。そもそも学生時代において、授業出席の厳格化、夏季休暇の短縮化、大学による発掘調査の減少、考古学関連作業のデジタル化などの要因により、遺物実測を経験する機会自体が減っている傾向にあります。そして、地方公共団体などの専門職員として就職しても、例えばその組織が法人調査組織を有する場合は、発掘調査はもちろん遺物実測に接する機会が極めて少なくなります（『入門』第4章参照）。また、各種調査組織においてでも、整理等作業の分業化や遺物実測の外注などにより、やはり遺物実測をおこなう機会が減っています。

　このような実態において、まだ発掘調査体制がそれほど確立・細分化されず、デジタル技術の導入も進んでいなかった時代に就職した世代の専門職員にとっては、それほど大きな問題ではありません。しかし、発掘調査体制が整いデジタル技術の利用が日常化している時代に就職した世代にとっては遺物実測の経験が少なく、概して遺物・遺構・遺跡への観察力に不安が付きまといます。埋蔵文化財保護行政においては、体制が整備されデジタル技術が導入されても、基本的な知識と技術に基づく観察力の取得・維持・向上を図る環境整備が常に必要と考えられます。

5. 埋蔵文化財保護行政と大学考古学研究の関係性再考

(1) 現代社会に直結する考古学

　考古学とは、辞書的には「遺跡や遺物によって人類史を研究する学問」（広辞苑第 7 版）です。すなわち、遺跡を発掘調査して検出された遺構や出土した遺物から、過去の人間の生活・文化・社会などを復元する学問、ということになります。そうすると、現在の我々の生活や社会には直接的には関係のない世界としてみられがちです。

　しかし、現在の日本では、道路やビルの建設はもちろん個人の専用住宅の建設に際しても、遺跡があってそれを壊すことになれば、多くの場合、文化財保護法に基づきその面積に関係なく考古学的手法に基づく記録保存調査がおこなわれます。その件数は年間約 8,000 件に及び、総事業費は年間約 600 億円にもなります。そして、新聞紙上には毎日のように発掘調査速報や、発掘調査成果を踏まえた考古学的なコラムが文化欄などに掲載されます。こうしてみると、考古学は我々の生活と密接な関係を有していることは明らかです。

　ところで、発掘調査の成果によっては、記録保存調査で済まされる予定の遺跡が、その重要性から現状保存に切り替えられ、整備・活用へ進む場合が稀にあります。また、すでに現状保存されている遺跡が発掘調査（保存目的調査）によってその価値がさらに増し、新たな整備・活用へとステップアップする場合もあります。こうなるとその遺跡は当該市町村の都市計画に組み込まれ、市町村の歴史と文化のシンボルとして、多くの人を集める観光資源として、学校教育や生涯学習の題材として、もうただの遺跡では終わらない無限大の可能性を保持することになります。

　このようにみると、考古学という学問自体は過去の人間行動の復元であっても、埋蔵文化財保護行政の充実という点においては根源的でもっとも有効な手法であり、そこから得られる成果は現在の我々の生活や社会に極めて密接に関係していることがわかります。すなわち、もはや現代社会において考古学は不可欠な存在になっているのです。

(2)　では埋蔵文化財保護行政は何をどこまで求めるのか？

　前述したように、考古学的手法に基づく埋蔵文化財保護行政が、現代社会に及ぼす影響の大きさは間違いなく日々増加しています。それだけに、この埋蔵文化財保護行政をむやみやたらと進めて良いのか、はたしてどこまで突き詰めるのか、どこまで進める必要があるのか、を考えておく必要があります。

　このことを考えさせられた契機は、1995（平成7）年1月の阪神・淡路大震災、2011（平成23）年3月の東日本大震災、2016（平成28）年4月の熊本地震でした。これらの復興については、後二者はいまだその途中であり、関連の発掘調査も継続中です。

　これらの地震が発生した後、具体的な復興事業の計画が進み出すとほぼ同時に、「このような非常災害に際しても発掘調査をおこなうのか？」「被災した方々の生活再建と発掘調査はどちらが重要なのか？」「発掘調査は復興の壁になるのでは？」といった声が、当該地方公共団体の首長やその周辺、そして新聞紙上でも頻繁に挙がりました。これらの声は当然のことで、発掘調査が復興の妨げになり、被災した方々の生活再建が遅れることはあってはなりません。しかし一方で、これまで蓄積して復元してきた地域の歴史や文化が壊れ流された時だからこそ、改めてその歴史と文化を掘り起こす必要もあります。

　だからといって、特例的・限定的な発掘調査の免除や、発掘調査

の規模・内容の縮小・圧縮などは、対処療法的で埋蔵文化財保護の本質を見失うことになります。そこで埋蔵文化財保護行政側としては原則として従来の考え方は変えずに、国・都道府県・市町村が一体となって、①発掘調査を実施する埋蔵文化財専門職員の確保、②発掘調査費用の確保、③発掘調査地点の調整（遺跡のない場所で復興事業を進める）、④発掘調査における最新技術の導入、を積極的に進め発掘調査を実施しました。これにより、被災した方々の生活再建のスケジュールを遅らせることはなく、現地説明会に集まっていただいた多くの被災した方々にも、発掘調査の必要性をご理解いただきました。また、当初は批判的であった報道関係の対応もやがて好意的になり、発掘調査が地域復興へ繋がることを期待する内容に転換していきました（『入門』第5章参照）。

こうしてみると、震災復興といった大変な

図35　東日本大震災復興事業のなかで現地保存された桜田Ⅳ遺跡
桜田Ⅳ遺跡（福島県広野町）は、災害公営住宅の建設に伴う発掘調査に際し、奈良時代の駅家に関連すると考えられる掘立柱建物群が整然と並んで発見されました。新聞報道や現地説明会、さらには小学生の体験発掘などを通じて保存の機運が高まったことから、主要部分は計画変更により現地に保存されました。（広野町教育委員会提供）

状況に際しても、埋蔵文化財保護と復興事業との両立を慎重かつ積極的に突き詰めていくことで、埋蔵文化財保護自体が地域の復興の重要な構成要素になっていくことがわかります。

では改めて、埋蔵文化財保護行政は何をどこまで求めるのか？この問いに決まった回答はないと考えます。まさにケースバイケースですが、得てして経費や期間や体制などを前提に、対処療法的にまずできる範囲を最初に定めがちです。しかし、それではことの本質を見誤る可能性が極めて大きいでしょう。したがって最初に考えるべきことは、「この遺跡にとって何が一番重要か」という大原則・大前提を確認することです。そして、それに基づき経費や期間や体制などを考えることが、間違いなく一番正しい回答になるでしょう。東日本大震災においてもこのことを第一義に据えたからこそ、埋蔵文化財の保護が「復興の妨げ」から「復興との両立」へ、そしてそのうえで「復興の構成要素」へと変わっていったのだと確信しています。

なお、東日本大震災での取り組みの結果、例えば福島県広野町の桜田Ⅳ遺跡や岩手県釜石市の屋形遺跡などのように、地元の方々の理解と協力により、復興計画を大幅に変更して現状保存を実現させた遺跡があることも、記憶に留めておきたいと考えます。

(3) 改めて埋蔵文化財保護行政と考古学研究の一体性を考える

このようにみてくると、5％の保存目的調査と95％の記録保存調査によって構成される年間約8,000件の行政目的の発掘調査は、その一つ一つがすべて現代社会、すなわち私たちの生活や各種開発事業（これ自体が我々の生活に密接に関係している）に直結したものであることがわかります。したがって、埋蔵文化財保護行政と各種開発事業との関係性は、100対0や0対100といったどちらかが完全に優るものであってはならず、常にバランスを考慮しながら協

議や意見交換を重ね、どちらにとっても有益である最大公約数的な「落とし所」を探していくことが非常に重要になります。そして、この埋蔵文化財保護行政の根源ともいえる発掘調査に携わっているのが、地方公共団体をはじめ法人・民間の発掘調査組織に所属する総数約 6,000 人の埋蔵文化財専門職員なのです。

　これら約 6,000 人の埋蔵文化財専門職員の大部分は、大学において考古学を学んだ方々です。『入門』第 8 章でも詳述しましたが、年間約 8,000 件の発掘調査と約 1,500 冊の発掘調査報告書は大学等研究機関の考古学研究を進展させ、その研究成果を踏まえた行政目的の発掘調査はさらに高い精度でおこなわれ、また高度な成果を大学等研究機関に提供するという良好な循環系が成り立っています。そしてこの循環系には、考古学を学ぶ学生の育成と確保という循環系も付随します。つまり、埋蔵文化財保護行政と大学考古学研究は「車の両輪」としての一体的で重要な関係性を間違いなく有しているのです。

　したがって、大学考古学研究ももはや現代社会から遠い場所にあるのではなく、特にそれぞれの当該地域とは地域史の再構築などの観点（本書第 2 章 3）から、極めて密接な関係性にあることを十分に認識する必要があります。埋蔵文化財保護行政にとっても、大学から発信される情報に常に敏感かつ有効に対応できるだけの最新の考古学研究を備えておかないといけません。すなわち両者には、バランスのとれた信頼関係と切磋琢磨する緊張関係が必要なのです。これは『入門』を通じての本書の結論であり、ある意味自明の理ですが、時として忘れがちになるため、敢えて改めて最後に再確認の意味と自戒の念を込めてまとめてみました。

資料編　国指定特別史跡と史跡

凡　例

1．本資料編は、2021（令和3）年11月30日現在の国指定特別史跡および史跡について、文化庁ホームページ「国指定文化財等データベース」をもとに作成した都道府県別一覧である。
2．特別史跡および史跡の定義は、1951（昭和26）年5月に設定された「特別史跡名勝天然記念物及び史跡名勝天然記念物指定基準」による。それによると、特別史跡とは「史跡のうち学術上の価値が特に高く、我が国文化の象徴たるもの」であり、史跡とは「我が国の歴史の正しい理解のために欠くことができず、かつ、その遺跡の規模、遺構、出土遺物等において、学術上価値あるもの」となる。そして、具体的な種別として以下が示されている（1995年3月改定）。
   1　貝塚、集落跡、古墳その他この類の遺跡
   2　都城跡、国郡庁跡、城跡、官公庁跡、戦跡その他政治に関する遺跡
   3　社寺の跡又は旧境内その他祭祀信仰に関する遺跡
   4　学校、研究施設、文化施設その他教育・学術・文化に関する遺跡
   5　医療・福祉施設、生活関連施設その他社会・生活に関する遺跡
   6　交通・通信施設、治山・治水施設、生産施設その他経済・生産活動に関する遺跡
   7　墳墓及び碑
   8　旧宅、園池その他特に由緒ある地域の類い
   9　外国及び外国人に関する遺跡
3．特別史跡は**ゴシック体**で表記した。
4．特別史跡および史跡の内容は、「指定名称、（所在市町村名）、種別」の順に記載した。
5．特別名勝・名勝・天然記念物との重複指定については、特別史跡・史跡の情報のみ記載した。
6．都道府県の順番は、総務省の「全国地方公共団体コード（都道府県コード）」による。都道府県内での特別史跡および史跡の記載は指定年月日順であるが、その年月日については記載していない。
7．「二都府県以上にわたるもの」については、各都府県名およびその都府県内の一市町村名を記載して、二市町村以上にわたる場合は末尾に「他」を付した。
8．「同一都道府県内の二市町村以上にわたるもの」については、一市町村名を記載して末尾に「他」を付した。

北海道

1. 手宮洞窟（小樽市）住居跡等〈集落跡〉
2. **五稜郭跡**（函館市）城跡
3. 四稜郭（函館市）城跡
4. 東蝦夷地南部藩陣屋跡（室蘭市他）城跡
　　モロラン陣屋跡　ヲシャマンベ陣屋跡　砂原陣屋跡
5. 志苔館跡（函館市）城跡
6. 松前氏城跡（松前町他）城跡
　　福山城跡　館城跡
7. 釧路川流域チャシ跡群（釧路市他）城跡
8. 桂ヶ岡砦跡（網走市）城跡
9. 春採台地竪穴群（釧路市）住居跡等〈集落跡〉
10. 最寄貝塚（網走市）貝塚
11. フゴッペ洞窟（余市町）住居跡等〈集落跡〉
12. 音江環状列石（深川市）その他古墳・横穴の類の遺跡
13. 忍路環状列石（小樽市）その他古墳・横穴の類の遺跡
14. 松前藩戸切地陣屋跡（北斗市）城跡
15. 白老仙台藩陣屋跡（白老町）城跡
16. 開拓使札幌本庁本庁舎跡および旧北海道庁本庁舎（札幌市）その他政治に関する遺跡
17. 東釧路貝塚（釧路市）貝塚
18. 旧下ヨイチ運上家（余市町）その他産業交通土木に関する遺跡
19. 国泰寺跡（厚岸町）社寺の跡又はその境内
20. 常呂遺跡（北見市）住居跡等〈集落跡〉
21. 善光寺跡（伊達市）社寺の跡又はその境内
22. 標津遺跡群（標津町）住居跡等〈集落跡〉
　　伊茶仁カリカリウス遺跡　古道遺跡　三本木遺跡
23. 西月ヶ岡遺跡（根室市）住居跡等〈集落跡〉
24. 大館跡（松前町）城跡
25. 上之国館跡（上ノ国町）城跡
　　花沢館跡　洲崎館跡　勝山館跡
26. 北斗遺跡（釧路市）住居跡等〈集落跡〉
27. ウサクマイ遺跡群（千歳市）住居跡等〈集落跡〉
28. キウス周堤墓群（千歳市）その他古墳・横穴の類の遺跡
29. オタフンベチャシ跡（浦幌町）城跡
30. 松前藩主松前家墓所（松前町）墳墓
31. 旧余市福原漁場（余市町）その他産業交通土木に関する遺跡
32. 琴似屯田兵村兵屋跡（札幌市）その他政治に関する遺跡
33. 茂別館跡（北斗市）城跡
34. 根室半島チャシ跡群（根室市）城跡
35. 旧島松駅逓所（北広島市）その他産業交通土木に関する遺跡
36. 静川遺跡（苫小牧市）住居跡等〈集落跡〉
37. ユクエピラチャシ跡（陸別町）城跡
38. 北黄金貝塚（伊達市）貝塚
39. 入江・高砂貝塚（洞爺湖町）貝塚
40. 庄内藩ハママシケ陣屋跡（石狩市）城跡
41. 白滝遺跡群（遠軽町）住居跡等〈集落跡〉
42. ピリカ遺跡（今金町）住居跡等〈集落跡〉
43. 旧留萌佐賀家漁場（留萌市）その他産業交通土木に関する遺跡
44. シベチャリ川流域チャシ跡群及びアッペツチャシ跡（新ひだか町他）城跡
45. 江別古墳群（江別市）古墳・横穴

46. 大谷地貝塚（余市町）　貝塚
47. 大船遺跡（函館市）住居跡等〈集落跡〉
48. カリンバ遺跡（恵庭市）住居跡等〈集落跡〉
49. 鷲ノ木遺跡（森町）その他古墳・横穴の類の遺跡
50. 垣ノ島遺跡（函館市）住居跡等〈集落跡〉
51. 旧奥行臼駅逓所（別海町）その他産業交通土木に関する遺跡
52. 旧歌棄佐藤家漁場（歌棄町）その他産業交通土木に関する遺跡
53. 様似山道（様似町）その他産業交通土木に関する遺跡
54. 猿留山道（えりも町）その他産業交通土木に関する遺跡
55. チャシコツ岬上遺跡（斜里町）住居跡等〈集落跡〉

青森県
1. 浪岡城跡（青森市）城跡
2. 根城跡（八戸市）城跡
3. 七戸城跡（七戸町）城跡
4. 亀ヶ岡石器時代遺跡（つがる市）住居跡等〈集落跡〉
5. 田小屋野貝塚（つがる市）　貝塚
6. 津軽氏城跡（弘前市他）城跡
　　　種里城跡　堀越城跡　弘前城跡
7. 是川石器時代遺跡（八戸市）住居跡等〈集落跡〉
8. 長七谷地貝塚（八戸市）　貝塚
9. 小牧野遺跡（青森市）その他古墳・横穴の類の遺跡
10. **三内丸山遺跡**（青森市）住居跡等〈集落跡〉
11. 二ツ森貝塚（七戸町）　貝塚
12. 丹後平古墳群（八戸市）古墳・横穴
13. 垂柳遺跡（田舎館村）その他産業交通土木に関する遺跡
14. 高屋敷館遺跡（青森市）住居跡等〈集落跡〉
15. 聖寿寺館跡（南部町）城跡
16. 五所川原須恵器窯跡（五所川原市）窯跡
17. 十三湊遺跡（五所川原市）住居跡等〈集落跡〉
18. 浜尻屋貝塚（東通村）　貝塚
19. 阿光坊古墳群（おいらせ町）古墳・横穴
20. 大森勝山遺跡（弘前市）住居跡等〈集落跡〉
21. 大平山元遺跡（外ヶ浜町）住居跡等〈集落跡〉
22. 山王坊遺跡（五所川原市）社寺の跡又はその境内

岩手県
1. **毛越寺境内**（平泉町）社寺の跡又はその境内
　　　附　鎮守社跡
2. **無量光院跡**（平泉町）社寺の跡又はその境内
3. 胆沢城跡（奥州市）国郡庁等官衙遺跡
4. 高野長英旧宅（奥州市）旧宅
5. 下船渡貝塚（大船渡市）　貝塚
6. 蛸ノ浦貝塚（大船渡市）　貝塚
7. 中沢浜貝塚（陸前高田市）　貝塚
8. 九戸城跡（二戸市）城跡
9. 盛岡城跡（盛岡市）城跡
10. 橋野高炉跡（釜石市）その他産業交通土木に関する遺跡
11. 徳丹城跡（矢巾町）国郡庁等官衙遺跡
12. 樺山遺跡（北上市）その他古墳・横穴の類の遺跡

13. 八天遺跡（北上市）住居跡等〈集落跡〉
14. **中尊寺境内**（平泉町）社寺の跡又はその境内
15. 江釣子古墳群（北上市他）古墳・横穴
16. 志波城跡（盛岡市）城跡
17. 角塚古墳（奥州市）古墳・横穴
18. 御所野遺跡（一戸町）住居跡等〈集落跡〉
19. 崎山貝塚（宮古市）　貝塚
20. 柳之御所・平泉遺跡群（平泉町他）城跡
21. 南部領伊達領境塚（北上市他）その他政治に関する遺跡
22. 大洞貝塚（大船渡市）　貝塚
23. 綾織新田遺跡（遠野市）住居跡等〈集落跡〉
24. 国見山廃寺跡（北上市）社寺の跡又はその境内
25. 金鶏山（平泉町）その他祭祀信仰に関する遺跡
26. 達谷窟（平泉町）社寺の跡又はその境内
27. 骨寺村荘園遺跡（一関市）その他産業交通土木に関する遺跡
28. 大清水上遺跡（奥州市）住居跡等〈集落跡〉
29. 奥州街道（一戸町他）その他産業交通土木に関する遺跡
30. 鳥海柵跡（金ケ崎町）城跡
31. 屋形遺跡（釜石市）住居跡等〈集落跡〉
32. 栗木鉄山遺跡（住田町）その他産業交通土木に関する遺跡

[宮城県]
1. 陸奥国分寺跡（仙台市）社寺の跡又はその境内
2. **多賀城跡**（多賀城市）国郡庁等官衙遺跡
　　　　附　寺跡
3. 旧有備館および庭園（大崎市）藩学
4. 林子平墓（仙台市）墳墓
5. 陸奥国分尼寺跡（仙台市）社寺の跡又はその境内
6. 雷神山古墳（名取市）古墳・横穴
7. 仙台藩花山村寒湯番所跡（栗原市）関跡
8. 黄金山産金遺跡（涌谷町）その他産業交通土木に関する遺跡
9. 大木囲貝塚（七ヶ浜町）　貝塚
10. 遠見塚古墳（仙台市）古墳・横穴
11. 長根貝塚（涌谷町）　貝塚
12. 旧有壁宿本陣（栗原市）その他産業交通土木に関する遺跡
13. 山王囲遺跡（栗原市）住居跡等〈集落跡〉
14. 沼津貝塚（石巻市）　貝塚
15. 山畑横穴群（大崎市）古墳・横穴
16. 西の浜貝塚（松島町）　貝塚
17. 木戸瓦窯跡（大崎市）窯跡
18. 大吉山瓦窯跡（大崎市）窯跡
19. 日の出山瓦窯跡（色麻町）窯跡
20. 山前遺跡（美里町）住居跡等〈集落跡〉
21. 宮沢遺跡（大崎市）国郡庁等官衙遺跡
22. 梁瀬浦遺跡（角田市）住居跡等〈集落跡〉
23. 飯野坂古墳群（名取市）古墳・横穴
24. 城生柵跡（加美町）国郡庁等官衙遺跡
25. 岩切城跡（仙台市他）城跡
26. 名生館官衙遺跡（大崎市）国郡庁等官衙遺跡
27. 中沢目貝塚（大崎市）　貝塚

28. 陸奥上街道（大崎市）その他産業交通土木に関する遺跡
29. 三十三間堂官衙遺跡（亘理町）国郡庁等官衙遺跡
30. 里浜貝塚（東松島市）　貝塚
31. 東山官衙遺跡（加美町）国郡庁等官衙遺跡
32. 仙台城跡（仙台市）城跡
33. 伊治城跡（栗原市）国郡庁等官衙遺跡
34. 仙台郡山官衙遺跡群（仙台市）国郡庁等官衙遺跡
　　　郡山官衙遺跡　郡山廃寺跡
35. 入の沢遺跡（栗原市）住居跡等〈集落跡〉
36. 赤井官衙遺跡群（東松島市）国郡庁等官衙遺跡
　　　赤井官衙遺跡　矢本横穴

秋田県
1. 払田柵跡（大仙市他）国郡庁等官衙遺跡
2. 平田篤胤墓（秋田市）墳墓
3. 秋田城跡（秋田市）国郡庁等官衙遺跡
4. **大湯環状列石**（鹿角市）その他古墳・横穴の類の遺跡
5. 岩井堂洞窟（湯沢市）住居跡等〈集落跡〉
6. 檜山安東氏城館跡（能代市）城跡
　　　檜山城跡　大館跡　茶臼館跡
7. 杉沢台遺跡（能代市）住居跡等〈集落跡〉
8. 地蔵田遺跡（秋田市）住居跡等〈集落跡〉
9. 由利海岸波除石垣（にかほ市）堤防
10. 伊勢堂岱遺跡（北秋田市）その他古墳・横穴の類の遺跡
11. 脇本城跡（男鹿市）城跡
12. 大鳥井山遺跡（横手市）城跡
　　　附　陣館遺跡

山形県
1. 山寺（山形市）社寺の跡又はその境内
2. 城輪柵跡（酒田市）国郡庁等官衙遺跡
3. 上杉治憲敬師郊迎跡（米沢市）その他教育学術に関する遺跡
4. 旧致道館（鶴岡市）藩学
5. 嶋遺跡（山形市）住居跡等〈集落跡〉
6. 日向洞窟（高畠町）住居跡等〈集落跡〉
7. 堂の前遺跡（酒田市）国郡庁等官衙遺跡
8. 稲荷森古墳（南陽市）古墳・横穴
9. 大立洞窟（高畠町）住居跡等〈集落跡〉
10. 一の沢洞窟（高畠町）住居跡等〈集落跡〉
11. 火箱岩洞窟（高畠町）住居跡等〈集落跡〉
12. 米沢藩主上杉家墓所（米沢市）墳墓
13. 旧鐙屋（酒田市）その他産業交通土木に関する遺跡
14. 延沢銀山遺跡（尾花沢市）その他産業交通土木に関する遺跡
15. 山形城跡（山形市）城跡
16. 西沼田遺跡（天童市）住居跡等〈集落跡〉
17. 新庄藩主戸沢家墓所（新庄市）墳墓
18. 松ヶ岡開墾場（鶴岡市）その他産業交通土木に関する遺跡
19. 一ノ坂遺跡（米沢市）住居跡等〈集落跡〉
20. 羽州街道（上山市）その他産業交通土木に関する遺跡
　　　楢下宿　金山越

 21. 古志田東遺跡（米沢市）住居跡等〈集落跡〉
 22. 下小松古墳群（川西町）古墳・横穴
 23. 小国城跡（鶴岡市）城跡
 24. 左沢楯山城跡（大江町）城跡
 25. 慈恩寺旧境内（寒河江市）社寺の跡又はその境内
 26. 舘山城跡（米沢市）城跡
 27. 小山崎遺跡（遊佐町）住居跡等〈集落跡〉
 28. 山居倉庫（酒田市）その他産業交通土木に関する遺跡

福島県
  1. 甲塚古墳（いわき市）古墳・横穴
  2. 南湖公園（白河市）園池
  3. 新地貝塚（新地町）
       附　手長明神社跡
  4. 薬師堂石仏（南相馬市）磨崖仏
       附　阿彌陀堂石仏
  5. 観音堂石仏（南相馬市）磨崖仏
  6. 宇津峰（須賀川市）城跡
  7. 泉崎横穴（泉崎村）古墳・横穴
  8. 霊山（伊達市）城跡
  9. 若松城跡（会津若松市）城跡
 10. 下鳥渡供養石塔（福島市）その他祭祀信仰に関する遺跡
 11. 石母田供養石塔（国見町）その他祭祀信仰に関する遺跡
 12. 須釜東福寺舎利石塔（玉川村）その他祭祀信仰に関する遺跡
 13. 旧二本松藩戒石銘碑（二本松市）その他教育学術に関する遺跡
 14. 須賀川一里塚（須賀川市）一里塚
 15. 米山寺経塚群（須賀川市）経塚
 16. 鮎滝渡船場跡（福島市）その他産業交通土木に関する遺跡
 17. 桜井古墳（南相馬市）古墳・横穴
 18. 白河関跡（白河市）関跡
 19. 白水阿弥陀堂境域（いわき市）社寺の跡又はその境内
 20. 清戸迫横穴（双葉町）古墳・横穴
 21. 上人壇廃寺跡（須賀川市）社寺の跡又はその境内
 22. 旧滝沢本陣（会津若松市）その他産業交通土木に関する遺跡
 23. 中田横穴（いわき市）古墳・横穴
 24. 慧日寺跡（磐梯町）社寺の跡又はその境内
 25. 大塚山古墳（会津若松市）古墳・横穴
 26. 羽山横穴（南相馬市）古墳・横穴
 27. 亀ヶ森・鎮守森古墳（会津坂下町）古墳・横穴
 28. 真野古墳群（南相馬市）古墳・横穴
 29. 阿津賀志山防塁（国見町）防塁
 30. 白河官衙遺跡群（泉崎村他）国郡庁等官衙遺跡
       関和久官衙遺跡　借宿廃寺跡
 31. 会津藩主松平家墓所（会津若松市他）墳墓
 32. 桑折西山城跡（桑折町）城跡
 33. 大安場古墳（郡山市）古墳・横穴
 34. 古屋敷遺跡（喜多方市）その他古墳・横穴の類の遺跡
 35. 向羽黒山城跡（会津美里町他）城跡
 36. 下野街道（下郷町）その他産業交通土木に関する遺跡
 37. 宮畑遺跡（福島市）住居跡等〈集落跡〉

38. 白河舟田・本沼遺跡群（白河市）住居跡等〈集落跡〉
39. 根岸官衙遺跡群（いわき市）国郡庁等官衙遺跡
40. 浦尻貝塚（南相馬市）貝塚
41. 和台遺跡（福島市）住居跡等〈集落跡〉
42. 陣が峯城跡（会津坂下町）城跡
43. 二本松城跡（二本松市）城跡
44. 会津新宮城跡（喜多方市）城跡
45. 泉官衙遺跡（南相馬市）国郡庁等官衙遺跡
46. 小峰城跡（白河市）城跡
47. 横大道製鉄遺跡（南相馬市）その他産業交通土木に関する遺跡
48. 宮脇廃寺跡（伊達市）社寺の跡又はその境内
49. 流廃寺跡（棚倉町）社寺の跡又はその境内
50. 白川城跡（白河市）城跡
51. 棚倉城跡（棚倉町）城跡
52. 伊達氏梁川遺跡群（伊達市）城跡
53. 天王山遺跡（白河市）住居跡等〈集落跡〉

茨城県

1. 舟塚山古墳（石岡市）古墳・横穴
2. 吉田古墳（水戸市）古墳・横穴
3. **旧弘道館**（水戸市）藩学
4. 常磐公園（水戸市）園池
5. **常陸国分寺跡**（石岡市）社寺の跡又はその境内
6. **常陸国分尼寺跡**（石岡市）社寺の跡又はその境内
7. 愛宕山古墳（水戸市）古墳・横穴
8. 関城跡（筑西市）城跡
9. 大宝城跡（筑西市他）城跡
10. 小田城跡（つくば市）城跡
11. 新治廃寺跡（筑西市他）社寺の跡又はその境内
　　　　附　上野原瓦窯跡
12. 佐久良東雄旧宅（石岡市）旧宅
13. 新治郡衙跡（筑西市）国郡庁等官衙遺跡
14. 馬渡埴輪製作遺跡（ひたちなか市）その他産業交通土木に関する遺跡
15. 大串貝塚（水戸市）貝塚
16. 虎塚古墳（ひたちなか市）古墳・横穴
17. 上高津貝塚（土浦市）貝塚
18. 平沢官衙遺跡（つくば市）国郡庁等官衙遺跡
19. 広畑貝塚（稲敷市）貝塚
20. 鹿島神宮境内（鹿嶋市）社寺の跡又はその境内
　　　　附　郡家跡
21. 小幡北山埴輪製作遺跡（茨城町）その他産業交通土木に関する遺跡
22. 真壁城跡（桜川市）城跡
23. 陸平貝塚（美浦村）貝塚
24. 結城廃寺跡（結城市）社寺の跡又はその境内
　　　　附　結城八幡瓦窯跡
25. 金田官衙遺跡（つくば市）国郡庁等官衙遺跡
26. 台渡里官衙遺跡群（水戸市）国郡庁等官衙遺跡
　　台渡里官衙遺跡　台渡里廃寺跡
27. 水戸徳川家墓所（常陸太田市）墳墓
28. 常陸国府跡（石岡市）国郡庁等官衙遺跡

29. 西山御殿跡［西山荘］（常陸太田市）旧宅
30. 瓦塚窯跡（石岡市）窯跡
31. 泉坂下遺跡（常陸大宮市）その他古墳・横穴の類の遺跡
32. 長者山官衙遺跡及び常陸国海道跡（日立市）国郡庁等官衙遺跡
33. 磯浜古墳群（大洗町）古墳・横穴

栃木県
1. 下野薬師寺跡（下野市）社寺の跡又はその境内
2. 下野国分寺跡（下野市）社寺の跡又はその境内
3. 足利学校跡［聖廟および附属建物を含む］（足利市）その他教育学術に関する遺跡
4. 小金井一里塚（下野市）一里塚
5. **日光杉並木街道**（日光市他）その他産業交通土木に関する遺跡
　　　附　並木寄進碑
6. 足利氏宅跡（鑁阿寺）（足利市）城跡
7. **大谷磨崖仏**（宇都宮市）磨崖仏
8. 佐貫石仏（塩谷町）磨崖仏
9. 琵琶塚古墳（小山市）古墳・横穴
10. 愛宕塚古墳（壬生町）古墳・横穴
11. 車塚古墳（壬生町）古墳・横穴
12. 牛塚古墳（壬生町）古墳・横穴
13. 壬生一里塚（壬生町）一里塚
14. 桜町陣屋跡（真岡市）その他政治に関する遺跡
15. 唐御所横穴（那珂川町）古墳・横穴
16. 侍塚古墳（大田原市）古墳・横穴
17. 茶臼山古墳（壬生町）古墳・横穴
18. 下野国分尼寺跡（下野市）社寺の跡又はその境内
19. 専修寺境内（真岡市）社寺の跡又はその境内
20. 吾妻古墳（栃木市他）古墳・横穴
21. 那須官衙遺跡（那珂川町）国郡庁等官衙遺跡
22. 飛山城跡（宇都宮市）城跡
23. 乙女不動原瓦窯跡（小山市）窯跡
24. 摩利支天塚古墳（小山市）古墳・横穴
25. 那須小川古墳群（那珂川町）古墳・横穴
　　　駒形大塚古墳　吉田温泉神社古墳群　那須八幡塚古墳群
26. 下野国庁跡（栃木市）国郡庁等官衙遺跡
27. 那須神田城跡（那珂川町）城跡
28. 根古谷台遺跡（宇都宮市）住居跡等〈集落跡〉
29. 小山氏城跡（小山市）城跡
　　　鷲城跡　祇園城跡　中久喜城跡
30. 寺野東遺跡（小山市）住居跡等〈集落跡〉
31. 日光山内（日光市）社寺の跡又はその境内
32. 樺崎寺跡（足利市）社寺の跡又はその境内
33. 上神主・茂原官衙遺跡（宇都宮市他）国郡庁等官衙遺跡
34. 藤本観音山古墳（足利市）古墳・横穴
35. 足尾銅山跡（日光市）その他産業交通土木に関する遺跡
　　　通洞坑　宇都野火薬庫跡　本山坑　本山動力所跡　本山製錬所跡　本山鉱山神社跡
36. 長者ヶ平官衙遺跡（那須烏山市他）国郡庁等官衙遺跡
　　　附　東山道跡
37. 唐沢山城跡（佐野市）城跡

群馬県

1. **多胡碑**（高崎市）碑
2. **山上碑及び古墳**（高崎市）碑
3. **金井沢碑**（高崎市）碑
4. 上野国分寺跡（高崎市他）社寺の跡又はその境内
5. 浅間山古墳（高崎市）古墳・横穴
6. 大鶴巻古墳（高崎市）古墳・横穴
7. 女体山古墳（太田市）古墳・横穴
8. 前二子古墳（前橋市）古墳・横穴
9. 中二子古墳（前橋市）古墳・横穴
10. 後二子古墳ならびに小古墳（前橋市）古墳・横穴
11. 二子山古墳（前橋市）古墳・横穴
12. 瀧沢石器時代遺跡（渋川市）住居跡等〈集落跡〉
13. 二子山古墳（前橋市）古墳・横穴
14. 七輿山古墳（藤岡市）古墳・横穴
15. 山王廃寺跡（前橋市）社寺の跡又はその境内
16. 高山彦九郎宅跡（太田市）旧宅
　　　附　遺髪塚
17. 生品神社境内［新田義貞挙兵伝説地］（太田市）特に由緒ある地域の類
18. 金山城跡（太田市）城跡
19. 武井廃寺塔跡（桐生市）社寺の跡又はその境内
20. 天神山古墳（太田市）古墳・横穴
21. 宝塔山古墳（前橋市）古墳・横穴
22. 本郷埴輪窯跡（藤岡市）窯跡
23. 水上石器時代住居跡（みなかみ町）住居跡等〈集落跡〉
24. 観音塚古墳（高崎市）古墳・横穴
25. 譲原石器時代住居跡（藤岡市）住居跡等〈集落跡〉
26. 八幡山古墳（前橋市）古墳・横穴
27. 観音山古墳（高崎市）古墳・横穴
28. 蛇穴山古墳（前橋市）古墳・横穴
29. 岩宿遺跡（みどり市）遺物包含地
30. 女堀（前橋市他）その他産業交通土木に関する遺跡
31. 保渡田古墳群（高崎市）古墳・横穴
32. 箕輪城跡（高崎市）城跡
33. 十三宝塚遺跡（伊勢崎市）国郡庁等官衙遺跡
34. 日高遺跡（高崎市）住居跡等〈集落跡〉
35. 黒井峯遺跡（渋川市）住居跡等〈集落跡〉
36. 白石稲荷山古墳（藤岡市）古墳・横穴
37. 中高瀬観音山遺跡（富岡市）住居跡等〈集落跡〉
38. 矢瀬遺跡（みなかみ町）住居跡等〈集落跡〉
39. 茅野遺跡（榛東村）住居跡等〈集落跡〉
40. 新田荘遺跡（太田市他）その他産業交通土木に関する遺跡
41. 西鹿田中島遺跡（みどり市）住居跡等〈集落跡〉
42. 旧富岡製糸場（富岡市）その他産業交通土木に関する遺跡
43. 北谷遺跡（高崎市）その他古墳・横穴の類の遺跡
44. 上野国新田郡家跡（太田市）国郡庁等官衙遺跡
45. 高山社跡（藤岡市）その他教育学術に関する遺跡
46. 荒船・東谷風穴蚕種貯蔵所跡（下仁田町他）その他産業交通土木に関する遺跡
47. 田島弥平旧宅（伊勢崎市）その他産業交通土木に関する遺跡
48. 上野国佐位郡正倉跡（伊勢崎市）国郡庁等官衙遺跡

49. 旧新町紡績所（高崎市）その他産業交通土木に関する遺跡
50. 簗瀬二子塚古墳（安中市）古墳・横穴
51. 岩櫃城跡（吾妻町）城跡
52. 上野国多胡郡正倉跡（高崎市）国郡庁等官衙遺跡

埼玉県
1. 吉見百穴（吉見町）古墳・横穴
2. 南河原石塔婆（行田市）その他祭祀信仰に関する遺跡
3. 野上下郷石塔婆（長瀞町）その他祭祀信仰に関する遺跡
4. 小見真観寺古墳（行田市）古墳・横穴
5. 水殿瓦窯跡（美里町）窯跡
6. 鉢形城跡（寄居町）城跡
7. **埼玉古墳群**（行田市）古墳・横穴
8. 塙保己一旧宅（本庄市）旧宅
9. 高麗村石器時代住居跡（日高市）住居跡等〈集落跡〉
10. 宮塚古墳（熊谷市）古墳・横穴
11. 大谷瓦窯跡（東松山市）窯跡
12. 水子貝塚（富士見市）貝塚
13. 栃本関跡（秩父市）関跡
14. 比企城館跡群（嵐山町他）城跡
　　　菅谷館跡　松山城跡　杉山城跡　小倉城跡
15. 真福寺貝塚（さいたま市）貝塚
16. 見沼通船堀（さいたま市他）その他産業交通土木に関する遺跡
17. 河越館跡（川越市）城跡
18. 黒浜貝塚（蓮田市）貝塚
19. 下里・青山板碑製作遺跡（小川町）その他産業交通土木に関する遺跡
20. 幡羅官衙遺跡群（深谷市他）国郡庁等官衙遺跡
　　　幡羅官衙遺跡
21. 神明貝塚（春日部市）貝塚
22. 午王山遺跡（和光市）住居跡等〈集落跡〉

千葉県
1. 弁天山古墳（富津市）古墳・横穴
2. 上総国分寺跡（市原市）社寺の跡又はその境内
3. 良文貝塚（香取市）貝塚
4. 伊能忠敬旧宅（香取市）旧宅
5. 龍角寺境内ノ塔跡（栄町）社寺の跡又はその境内
6. 龍角寺古墳群・岩屋古墳（栄町他）古墳・横穴
7. 大原幽学遺跡（旭市）旧宅
　　　旧宅、墓および宅地耕地地割
8. 芝山古墳群（横芝光町）古墳・横穴
9. 堀之内貝塚（市川市）貝塚
10. 姥山貝塚（市川市）貝塚
11. 下総国分寺跡（市川市）社寺の跡又はその境内
　　　附　北下瓦窯跡
12. 下総国分尼寺跡（市川市）社寺の跡又はその境内
13. 阿玉台貝塚（香取市）貝塚
14. **加曽利貝塚**（千葉市）貝塚
15. 山崎貝塚（野田市）貝塚
16. 月ノ木貝塚（千葉市）貝塚

17. 荒屋敷貝塚（千葉市）　貝塚
18. 曽谷貝塚（市川市）　貝塚
19. 犢橋貝塚（千葉市）　貝塚
20. 上総国分尼寺跡（市原市）社寺の跡又はその境内
21. 長柄横穴群（長柄町）古墳・横穴
22. 本佐倉城跡（佐倉市他）城跡
23. 内裏塚古墳（富津市）古墳・横穴
24. 井野長割遺跡（佐倉市）住居跡等〈集落跡〉
25. 花輪貝塚（千葉市）　貝塚
26. 下総小金中野牧跡（鎌ヶ谷市他）その他産業交通土木に関する遺跡
27. 里見氏城跡（館山市他）城跡
　　　稲村城跡　　岡本城跡
28. 山野貝塚（袖ケ浦市）　貝塚
29. 下総佐倉油田牧跡（香取市）　貝塚
30. 墨古沢遺跡（酒々井町）住居跡等〈集落跡〉
31. 取掛西貝塚（船橋市）　貝塚

東京都

1. 大塚先儒墓所（文京区）墳墓
2. 湯島聖堂（文京区）聖廟
3. 浅野長矩墓および赤穂義士墓（港区）墳墓
4. 西ヶ原一里塚（北区）一里塚
5. 志村一里塚（板橋区）一里塚
6. 武蔵国分寺跡（国分寺市他）社寺の跡又はその境内
　　　附　東山道武蔵路跡
7. **小石川後楽園**（文京区）園池
8. 高ヶ坂石器時代遺跡（町田市）住居跡等〈集落跡〉
9. 品川台場（港区）その他政治に関する遺跡
10. 林氏墓地（新宿区）墳墓
11. 沢庵墓（品川区）墳墓
12. 加茂真淵墓（品川区）墳墓
13. 松平定信墓（江東区）墳墓
14. 小仏関跡（八王子市）関跡
15. 船田石器時代遺跡（八王子市）住居跡等〈集落跡〉
16. 亀甲山古墳（大田区）古墳・横穴
17. 高輪大木戸跡（港区）その他政治に関する遺跡
18. 常盤橋門跡（千代田区他）城跡
19. 西秋留石器時代住居跡（あきる野市）住居跡等〈集落跡〉
20. 蒲生君平墓（台東区）墳墓
21. 山鹿素行墓（新宿区）墳墓
22. 高島秋帆墓（文京区）墳墓
23. 伊能忠敬墓（台東区）墳墓
24. 高橋至時墓（台東区）墳墓
25. 平賀源内墓（台東区）墳墓
26. 青木昆陽墓（目黒区）墳墓
27. **旧浜離宮庭園**（中央区）園池
28. 旧白金御料地（港区他）園池
29. 佐藤一斎墓（港区）墳墓
30. 荻生徂徠墓（港区）墳墓
31. 細井広沢墓（世田谷区）墳墓

32. 滝山城跡（八王子市）城跡
33. 八王子城跡（八王子市）城跡
34. 大森貝塚（大田区）貝塚
35. 江戸城外堀跡（千代田区他）城跡
36. **江戸城跡**（千代田区）城跡
37. 旧新橋停車場跡（港区）その他産業交通土木に関する遺跡
38. 弥生二丁目遺跡（文京区）住居跡等〈集落跡〉
39. 椚田遺跡（八王子市）住居跡等〈集落跡〉
40. 向島百花園（墨田区）園池
41. 下布田遺跡（調布市）住居跡等〈集落跡〉
42. 中里貝塚（北区）貝塚
43. 玉川上水（羽村市他）その他産業交通土木に関する遺跡
44. 武蔵府中熊野神社古墳（府中市）古墳・横穴
45. 深大寺城跡（調布市）城跡
46. 武蔵国府跡（府中市）国郡庁等官衙遺跡
47. 東禅寺（港区）外国および外国人に関する遺跡
48. 小石川植物園（御薬園跡及び養生所跡）（文京区）薬園
49. 下野谷遺跡（西東京市）住居跡等〈集落跡〉
50. 荻外荘［近衞文麿旧宅］（杉並区）旧宅
51. 横山大観旧宅及び庭園（台東区）旧宅
52. 陸軍板橋火薬製造所跡（板橋区）その他産業交通土木に関する遺跡
53. 鈴木遺跡（小平市）住居跡等〈集落跡〉

神奈川県
1. 相模国分寺跡（海老名市）社寺の跡又はその境内
2. 箱根関跡（箱根町）関跡
3. 称名寺境内（横浜市）社寺の跡又はその境内
4. 三浦安針墓（横須賀市）墳墓
5. 藤沢敵御方供養塔（藤沢市）その他祭祀信仰に関する遺跡
6. 旧相模川橋脚（茅ヶ崎市）その他産業交通土木に関する遺跡
7. 日野俊基墓（鎌倉市）墳墓
8. 浄光明寺境内・冷泉為相墓（鎌倉市）社寺の跡又はその境内
9. 極楽寺境内・忍性墓（鎌倉市）社寺の跡又はその境内
10. 伝上杉憲方墓（鎌倉市）墳墓
11. 法華堂跡［源頼朝墓・北条義時墓］（鎌倉市）社寺の跡又はその境内
12. 寸沢嵐石器時代遺跡（相模原市）住居跡等〈集落跡〉
13. 川尻石器時代遺跡（相模原市）住居跡等〈集落跡〉
14. 建長寺庭園（鎌倉市）庭園
15. 円覚寺庭園（鎌倉市）庭園
16. 稲村ヶ崎［新田義貞徒渉伝説地］（鎌倉市）特に由緒ある地域の類
17. 伊勢原八幡台石器時代住居跡（伊勢原市）住居跡等〈集落跡〉
18. 若宮大路（鎌倉市）社寺の跡又はその境内
19. 小田原城跡（小田原市）城跡
20. 元箱根石仏群（箱根町）磨崖仏
　　　附　永仁三年在銘石造五輪塔
　　　　　石造五輪塔
　　　　　永仁四年在銘石造宝篋印塔
21. 石垣山（小田原市）城跡
22. 浄智寺境内（鎌倉市）社寺の跡又はその境内
23. 寿福寺境内（鎌倉市）社寺の跡又はその境内

24. 三殿台遺跡（横浜市）住居跡等〈集落跡〉
25. 名越切通（逗子市他）その他産業交通土木に関する遺跡
26. 永福寺跡（鎌倉市）社寺の跡又はその境内
27. 建長寺境内（鎌倉市）社寺の跡又はその境内
28. 浄妙寺境内（鎌倉市）社寺の跡又はその境内
29. 鶴岡八幡宮境内（鎌倉市）社寺の跡又はその境内
30. 円覚寺境内（鎌倉市）社寺の跡又はその境内
31. 覚園寺境内（鎌倉市）社寺の跡又はその境内
32. 和賀江嶋（鎌倉市他）その他産業交通土木に関する遺跡
33. 朝夷奈切通（鎌倉市他）その他産業交通土木に関する遺跡
34. 亀ヶ谷坂（鎌倉市）その他産業交通土木に関する遺跡
35. 巨福呂坂（鎌倉市他）その他産業交通土木に関する遺跡
36. 化粧坂（鎌倉市）その他産業交通土木に関する遺跡
37. 瑞泉寺境内（鎌倉市）社寺の跡又はその境内
38. 夏島貝塚（横須賀市）　貝塚
39. 五領ヶ台貝塚（平塚市）　貝塚
40. 勝坂遺跡（相模原市）住居跡等〈集落跡〉
41. 大仏切通（鎌倉市）その他産業交通土木に関する遺跡
42. 北条氏常盤亭跡（鎌倉市）その他政治に関する遺跡
43. 明月院境内（鎌倉市）社寺の跡又はその境内
44. 大塚・歳勝土遺跡（横浜市）住居跡等〈集落跡〉
45. 旧横浜正金銀行本店（横浜市）その他産業交通土木に関する遺跡
46. 相模国分尼寺跡（海老名市）社寺の跡又はその境内
47. 東勝寺跡（鎌倉市）社寺の跡又はその境内
48. 田名向原遺跡（相模原市）住居跡等〈集落跡〉
49. 長柄桜山古墳群（逗子市他）古墳・横穴
50. 鎌倉大仏殿跡（鎌倉市）社寺の跡又はその境内
51. 秋葉山古墳群（海老名市）古墳・横穴
52. 荏柄天神社境内（鎌倉市）社寺の跡又はその境内
53. 仏法寺跡（鎌倉市）社寺の跡又はその境内
54. 一生桝遺跡（鎌倉市）城跡
55. 大町釈迦堂口遺跡（鎌倉市）その他祭祀信仰に関する遺跡
56. 神崎遺跡（綾瀬市）住居跡等〈集落跡〉
57. 赤坂遺跡（三浦市）住居跡等〈集落跡〉
58. 橘樹官衙遺跡群（川崎市）国郡庁等官衙遺跡
59. 下寺尾官衙遺跡群（茅ヶ崎市）国郡庁等官衙遺跡
60. 東京湾要塞跡（横須賀市）城跡
　　　猿島砲台跡　千代ヶ崎砲台跡
61. 下寺尾西方遺跡（茅ヶ崎市）住居跡等〈集落跡〉

新潟県
1. 佐渡国分寺跡（佐渡市）社寺の跡又はその境内
2. 菖蒲塚古墳（新潟市）古墳・横穴
3. 春日山城跡（上越市）城跡
4. 旧新潟税関（新潟市）外国および外国人に関する遺跡
5. 長者ヶ原遺跡（糸魚川市）その他産業交通土木に関する遺跡
6. 水科古墳群（上越市）古墳・横穴
7. 宮口古墳群（上越市）古墳・横穴
8. 下国府遺跡（佐渡市）国郡庁等官衙遺跡
9. 斐太遺跡群（妙高市他）住居跡等〈集落跡〉

　　　吹上遺跡　斐太遺跡　釜蓋遺跡
10. 観音平・天神堂古墳群（妙高市）古墳・横穴
11. 沖ノ原遺跡（津南町）住居跡等〈集落跡〉
12. 平林城跡（村上市）城跡
13. 藤橋遺跡（長岡市）住居跡等〈集落跡〉
14. 馬高・三十稲場遺跡（長岡市）住居跡等〈集落跡〉
15. 坂戸城跡（南魚沼市）城跡
16. 下谷地遺跡（柏崎市）住居跡等〈集落跡〉
17. 室谷洞窟（阿賀町）住居跡等〈集落跡〉
18. 寺地遺跡（糸魚川市）住居跡等〈集落跡〉
19. 小瀬ヶ沢洞窟（阿賀町）住居跡等〈集落跡〉
20. 長者ヶ平遺跡（佐渡市）住居跡等〈集落跡〉
21. 奥山荘城館遺跡（新発田市他）城跡
22. 村上城跡（村上市）城跡
23. 佐渡金銀山遺跡（佐渡市）その他産業交通土木に関する遺跡
24. 八幡林官衙遺跡（長岡市）国郡庁等官衙遺跡
25. 松本街道（糸魚川市）その他産業交通土木に関する遺跡
26. 荒屋遺跡（長岡市）住居跡等〈集落跡〉
27. 古津八幡山遺跡（新潟市）住居跡等〈集落跡〉
28. 鮫ヶ尾城跡（妙高市）城跡
29. 耳取遺跡（見附市）住居跡等〈集落跡〉
30. 山元遺跡（村上市）住居跡等〈集落跡〉
31. 新津油田金津鉱場跡（新潟市）その他産業交通土木に関する遺跡
32. 城の山古墳（胎内市）古墳・横穴
33. 本ノ木・田沢遺跡群（津南町）住居跡等〈集落跡〉
　　　本ノ木遺跡　田沢遺跡　壬遺跡

富山県
1. 朝日貝塚（氷見市）　貝塚
2. 大境洞窟住居跡（氷見市）住居跡等〈集落跡〉
3. 大岩日石寺石仏（上市町）磨崖仏
4. 桜谷古墳（高岡市）古墳・横穴
5. 王塚・千坊山遺跡群（富山市）古墳・横穴
6. 越中五箇山相倉集落（南砺市）その他産業交通土木に関する遺跡
7. 越中五箇山菅沼集落（南砺市）その他産業交通土木に関する遺跡
8. 高瀬遺跡（南砺市）その他産業交通土木に関する遺跡
9. 不動堂遺跡（朝日町）住居跡等〈集落跡〉
10. 串田新遺跡（射水市）住居跡等〈集落跡〉
11. じょうべのま遺跡（入善町）その他産業交通土木に関する遺跡
12. 安田城跡（富山市）城跡
13. 直坂遺跡（富山市）住居跡等〈集落跡〉
14. 北代遺跡（富山市）住居跡等〈集落跡〉
15. 小杉丸山遺跡（射水市）窯跡
16. 柳田布尾山古墳（氷見市）古墳・横穴
17. 上市黒川遺跡群（上市町）社寺の跡又はその境内
　　　円念寺山経塚　黒川上山墓跡　伝真興寺跡
18. 増山城跡（砺波市）城跡
19. 高岡城跡（高岡市）城跡

石川県

1. 法皇山横穴古墳（加賀市）古墳・横穴
2. 狐山古墳（加賀市）古墳・横穴
3. 七尾城跡（七尾市）城跡
4. 末松廃寺跡（野々市市）社寺の跡又はその境内
5. 東大寺領横江荘遺跡（白山市他）その産業交通土木に関する遺跡
6. 能登国分寺跡（七尾市）社寺の跡又はその境内
    　　附　建物群跡
7. 能美古墳群（能美市）古墳・横穴
    　　寺井山古墳群　和田山古墳群　末寺山古墳群　秋常山古墳群　西山古墳群
8. 御経塚遺跡（野々市市）住居跡等〈集落跡〉
9. 石動山（中能登町）その他祭祀信仰に関する遺跡
10. 九谷磁器窯跡（加賀市）窯跡
11. 須曽蝦夷穴古墳（七尾市）古墳・横穴
12. 散田金谷古墳（宝達志水町）古墳・横穴
13. 上山田貝塚（かほく市）　貝塚
14. 雨の宮古墳群（中能登町）古墳・横穴
15. 吉崎・次場遺跡（羽咋市）住居跡等〈集落跡〉
16. 鳥越城跡（白山市）城跡
    　　附　二曲城跡
17. チカモリ遺跡（金沢市）住居跡等〈集落跡〉
18. 真脇遺跡（能登町）住居跡等〈集落跡〉
19. 万行遺跡（七尾市）住居跡等〈集落跡〉
20. 金沢城跡（金沢市）城跡
21. 珠洲陶器窯跡（珠洲市他）窯跡
22. 辰巳用水（金沢市）その他産業交通土木に関する遺跡
    　　附　土清水塩硝蔵跡
23. 寺家遺跡（羽咋市）その他祭祀信仰に関する遺跡
24. 加茂遺跡（津幡町）その他産業交通土木に関する遺跡

福井県

1. 燈明寺畷新田義貞歿伝説地（福井市）特に由緒ある地域の類
2. **一乗谷朝倉氏遺跡**（福井市）城跡
3. 丸岡藩砲台跡（坂井市）その他政治に関する遺跡
4. 金ヶ崎城跡（敦賀市）城跡
5. 杣山城跡（南越前町）城跡
6. 武田耕雲斎等墓（敦賀市）墳墓
7. 白山平泉寺旧境内（勝山市）社寺の跡又はその境内
8. 西塚古墳（若狭町）古墳・横穴
9. 上ノ塚古墳（若狭町）古墳・横穴
10. 中塚古墳（若狭町）古墳・横穴
11. 上船塚古墳（若狭町）古墳・横穴
12. 下船塚古墳（若狭町）古墳・横穴
13. 王山古墳群（鯖江市）古墳・横穴
14. 吉崎御坊跡（あわら市）社寺の跡又はその境内
15. 若狭国分寺跡（小浜市）社寺の跡又はその境内
16. 兜山古墳（鯖江市）古墳・横穴
17. 松岡古墳群（永平寺町）古墳・横穴
    　　手繰ヶ城山古墳　石舟山古墳　鳥越山古墳　二本松山古墳
18. 岡津製塩遺跡（小浜市）

19. 中郷古墳群（敦賀市）古墳・横穴
20. 六呂瀬山古墳群（坂井市）古墳・横穴
21. 後瀬山城跡（小浜市）城跡
22. 小浜藩台場跡（おおい町）その他政治に関する遺跡
　　　松ヶ瀬台場跡　鋸崎台場跡
23. 兎鳥長山古墳（福井市）古墳・横穴
24. 興道寺廃寺跡（美浜町）社寺の跡又は境内

山梨県

1. 甲斐国分寺跡（笛吹市）社寺の跡又はその境内
2. 銚子塚古墳（甲府市）古墳・横穴
　　　附　丸山塚古墳
3. 武田氏館跡（甲府市）城跡
4. 甲斐国分尼寺跡（笛吹市）社寺の跡又はその境内
5. 新府城跡（韮崎市）城跡
6. 勝沼氏館跡（甲州市）城跡
7. 金生遺跡（北杜市）住居跡等〈集落跡〉
8. 要害山（甲府市）城跡
9. 谷戸城跡（北杜市）城跡
10. 甲斐金山遺跡（甲州市他）その他産業交通土木に関する遺跡
　　　黒川金山　中山金山
11. 白山城跡（韮崎市）城跡
12. 御勅使川旧堤防（将棋頭・石積出）（韮崎市他）堤防
13. 大丸山古墳（甲府市）古墳・横穴
14. 梅之木遺跡（北杜市）住居跡等〈集落跡〉
15. 甲府城跡（甲府市）城跡

長野県

1. 松本城（松本市）城跡
2. 信濃国分寺跡（上田市）社寺の跡又はその境内
3. 戌立石器時代住居跡（東御市）住居跡等〈集落跡〉
4. 寺ノ浦石器時代住居（小諸市）住居跡等〈集落跡〉
5. 龍岡城跡（佐久市）城跡
6. 上田城跡（上田市）城跡
7. **尖石石器時代遺跡**（茅野市）住居跡等〈集落跡〉
8. 上之段石器時代遺跡（茅野市）住居跡等〈集落跡〉
9. 平出遺跡（塩尻市）住居跡等〈集落跡〉
10. 旧文武学校（長野市）藩学
11. 小林一茶旧宅（信濃町）旧宅
12. 井戸尻遺跡（富士見町）住居跡等〈集落跡〉
13. 大深山遺跡（川上村）住居跡等〈集落跡〉
14. 旧中込学校（佐久市）その他教育学術に関する遺跡
15. 埴科古墳群（千曲市他）古墳・横穴
　　　森将軍塚古墳　有明山将軍塚古墳　倉科将軍塚古墳　土口将軍塚古墳
16. 高遠城跡（伊那市）城跡
17. 弘法山古墳（松本市）古墳・横穴
18. 佐野遺跡（山ノ内町）住居跡等〈集落跡〉
19. 川柳将軍塚古墳・姫塚古墳（長野市）古墳・横穴
20. 鳥羽山洞窟（上田市）住居跡等〈集落跡〉
21. 福島関跡（木曽町）関跡

22. 阿久遺跡（原村）住居跡等〈集落跡〉
23. 松代城跡（長野市）城跡
　　　附　新御殿跡
24. 神坂峠遺跡（阿智村）その他祭祀信仰に関する遺跡
25. 梨久保遺跡（岡谷市）住居跡等〈集落跡〉
26. 栃原岩陰遺跡（北相木村）住居跡等〈集落跡〉
27. 松代藩主真田家墓所（長野市）墳墓
28. 矢出川遺跡（南牧村）住居跡等〈集落跡〉
29. 大室古墳群（長野市）古墳・横穴
30. 駒形遺跡（茅野市）住居跡等〈集落跡〉
31. 星糞峠黒曜石原産地遺跡（長和町）その他産業交通土木に関する遺跡
32. 高梨氏館跡（中野市）城跡
33. 恒川官衙遺跡（飯田市）国郡庁等官衙遺跡
34. 星ヶ塔黒曜石原産地遺跡（下諏訪町）その他産業交通土木に関する遺跡
35. 飯田古墳群（飯田市）古墳・横穴
36. 小笠原氏城跡（松本市）城跡
　　　井川城跡　林城跡
37. 高島藩主諏訪家墓所（諏訪市）墳墓

岐阜県

1. 美濃国分寺跡（大垣市）社寺の跡又はその境内
2. 飛騨国分寺塔跡（高山市）社寺の跡又はその境内
3. 高山陣屋跡（高山市）その他政治に関する遺跡
4. 垂井一里塚（垂井町）一里塚
5. 関ヶ原古戦場（関ヶ原町）古戦場
　　　附　徳川家康最初陣地
　　　　　徳川家康最後陣地
　　　　　石田三成陣地
　　　　　岡山烽火場
　　　　　大谷吉隆墓
　　　　　東首塚
　　　　　西首塚
6. 琴塚古墳（岐阜市）古墳・横穴
7. 乙塚古墳（土岐市）古墳・横穴
　　　附　段尻巻古墳
8. 油島千本松締切堤（海津市）堤防
9. 長塚古墳（可児市）古墳・横穴
10. 野古墳群（大野町）古墳・横穴
11. 弥勒寺官衙遺跡群（関市他）国郡庁等官衙遺跡
　　　弥勒寺官衙遺跡　弥勒寺跡　丸山古窯跡　池尻大塚古墳
12. 元屋敷陶器窯跡（土岐市）窯跡
13. 赤保木瓦窯跡（高山市）窯跡
14. 老洞・朝倉須恵器窯跡（岐阜市）窯跡
15. 江馬氏城館跡（飛騨市）城跡
　　　下館跡　高原諏訪城跡　土城跡　寺林城跡　政元城跡　洞城跡　石神城跡
16. 堂之上遺跡（高山市）住居跡等〈集落跡〉
17. 苗木城跡（中津川市）城跡
18. 加納城跡（岐阜市）城跡
19. 昼飯大塚古墳（大垣市）古墳・横穴
20. 正家廃寺跡（恵那市）社寺の跡又はその境内

21. 美濃国府跡（垂井町）国郡庁等官衙遺跡
22. 岐阜城跡（岐阜市）城跡
23. 美濃金山城跡（可児市）城跡
24. 西高木家陣屋跡（大垣市）城跡
25. 東町田墳墓群（大垣市）その他古墳・横穴の類の遺跡
26. 船来山古墳群（本巣市）古墳・横穴

静岡県

1. **新居関跡**（湖西市）関跡
2. 韮山反射炉（伊豆の国市）その他産業交通土木に関する遺跡
3. **遠江国分寺跡**（磐田市）社寺の跡又はその境内
4. 山中城跡（三島市）城跡
5. 柴屋寺庭園（静岡市）園池
6. 三岳城跡（浜松市）城跡
7. 了仙寺（下田市）外国および外国人に関する遺跡
8. 玉泉寺（下田市）外国および外国人に関する遺跡
9. **登呂遺跡**（静岡市）住居跡等〈集落跡〉
10. 賤機山古墳（静岡市）古墳・横穴
11. 伊豆国分寺塔跡（三島市）社寺の跡又はその境内
12. 銚子塚古墳（磐田市）古墳・横穴
　　　附　小銚子塚古墳
13. 浅間古墳（富士市）古墳・横穴
14. 蜆塚遺跡（浜松市）住居跡等〈集落跡〉
15. 久能山（静岡市）城跡
16. 片山廃寺跡（静岡市）社寺の跡又はその境内
17. 島田宿大井川川越遺跡（島田市）その他産業交通土木に関する遺跡
18. 旧見付学校（磐田市）その他教育学術に関する遺跡
　　　附　磐田文庫
19. 神子元島燈台（下田市）その他産業交通土木に関する遺跡
20. 願成就院跡（伊豆の国市）社寺の跡又はその境内
21. 千居遺跡（富士宮市）その他古墳・横穴の類の遺跡
22. 高天神城跡（掛川市）城跡
23. 諏訪原城跡（島田市）城跡
24. 柏谷横穴群（函南町）古墳・横穴
25. 北江間横穴群（伊豆の国市）古墳・横穴
26. 上白岩遺跡（伊豆市）その他古墳・横穴の類の遺跡
27. 休場遺跡（沼津市）住居跡等〈集落跡〉
28. 志太郡衙跡（藤枝市）国郡庁等官衙遺跡
29. 横須賀城跡（掛川市）城跡
30. 伝堀越御所跡（伊豆の国市）その他政治に関する遺跡
31. 新豊院山古墳群（磐田市）古墳・横穴
32. 長浜城跡（沼津市）城跡
33. 興国寺城跡（沼津市）城跡
34. 和田岡古墳群（掛川市）古墳・横穴
35. 北条氏邸跡（円成寺跡）（伊豆の国市）その他政治に関する遺跡
36. 大知波峠廃寺跡（湖西市）社寺の跡又はその境内
37. 御厨古墳群（磐田市）古墳・横穴
38. 韮山役所跡（伊豆の国市）その他政治に関する遺跡
39. 菊川城館遺跡群（菊川市）城跡
　　　高田大屋敷遺跡　横地氏城館跡

40. 小島陣屋跡（静岡市）城跡
41. 大鹿窪遺跡（富士宮市）住居跡等〈集落跡〉
42. 東海道宇津ノ谷峠越（静岡市）その他産業交通土木に関する遺跡
43. 二俣城跡及び鳥羽山城跡（浜松市）城跡
44. 光明山古墳（浜松市）古墳・横穴

愛知県

1. 百々陶器窯跡（田原市）窯跡
2. 三河国分寺跡（豊川市）社寺の跡又はその境内
3. 三河国分尼寺跡（豊川市）社寺の跡又はその境内
4. 小牧山（小牧市）古戦場
5. 二子古墳（安城市）古墳・横穴
6. 姫小川古墳（安城市）古墳・横穴
7. 北野廃寺跡（岡崎市）社寺の跡又はその境内
8. 大山廃寺跡（小牧市）社寺の跡又はその境内
9. 舞木廃寺塔跡（豊田市）社寺の跡又はその境内
10. 長篠城跡（新城市）城跡
11. 八幡山古墳（名古屋市）古墳・横穴
12. **名古屋城跡**（名古屋市）城跡
13. 正法寺古墳（西尾市）古墳・横穴
14. 二子山古墳（春日井市）古墳・横穴
15. 阿野一里塚（豊明市）一里塚
16. 桶狭間古戦場伝説地（豊明市）古戦場
　　　　附　戦人塚
17. 冨田一里塚（一宮市）一里塚
18. 大平一里塚（岡崎市）一里塚
19. 大高城跡（名古屋市）城跡
　　　　附　丸根砦跡
　　　　　　鷲津砦跡
20. 長久手古戦場（長久手市）古戦場
　　　　附　御旗山
　　　　　　首塚
　　　　　　色金山
21. 大曲輪貝塚（名古屋市）貝塚
22. 吉胡貝塚（田原市）貝塚
23. 入海貝塚（東浦町）貝塚
24. 瓜郷遺跡（豊橋市）住居跡等〈集落跡〉
25. 嵩山蛇穴（豊橋市）住居跡等〈集落跡〉
26. 伊良湖東大寺瓦窯跡（田原市）窯跡
27. 大アラコ古窯跡（田原市）窯跡
28. 瀬戸窯跡（瀬戸市）窯跡
　　　　小長曽陶器窯跡　瓶子陶器窯跡
29. 貝殻山貝塚（清須市）貝塚
30. 志段味古墳群（名古屋市他）古墳・横穴
　　　　白鳥塚古墳　尾張戸神社古墳　中社古墳　南社古墳　志段味大塚古墳　勝手塚古墳
　　　　東谷山白鳥古墳
31. 東之宮古墳（犬山市）古墳・横穴
32. 真宮遺跡（岡崎市）住居跡等〈集落跡〉
33. 青塚古墳（犬山市）古墳・横穴
34. 断夫山古墳（名古屋市）古墳・横穴

35. 松平氏遺跡（豊田市）社寺の跡又はその境内
36. 尾張国分寺跡（稲沢市）社寺の跡又はその境内
37. 島原藩主深溝松平家墓所（幸田町）墳墓
38. 本證寺境内（安城市）社寺の跡又はその境内
39. 馬越長火塚古墳群（豊橋市）古墳・横穴
40. 犬山城跡（犬山市）城跡

三重県

1. 御墓山古墳（伊賀市）古墳・横穴
2. **本居宣長旧宅**（松阪市）旧宅
　　　同宅跡
3. 伊勢国分寺跡（鈴鹿市）
4. 伊賀国分寺跡（伊賀市）社寺の跡又はその境内
5. 長楽山廃寺跡（伊賀市）社寺の跡又はその境内
6. 旧豊宮崎文庫（伊勢市）その他教育学術に関する遺跡
7. 離宮院跡（伊勢市）その他祭祀信仰に関する遺跡
8. 旧崇廣堂（伊賀市）藩学
9. 宝塚古墳（松阪市）古墳・横穴
10. 廃補陀落寺町石（伊賀市）社寺の跡又はその境内
11. 野村一里塚（亀山市）一里塚
12. 本居宣長墓（山室山）（松阪市）墳墓
13. 本居宣長墓（樹敬寺）（松阪市）墳墓
　　　附　本居春庭墓
14. 多気北畠氏城館跡（津市）城跡
　　　北畠氏館跡　霧山城跡
15. 谷川士清墓（津市）墳墓
16. 明合古墳（津市）古墳・横穴
17. 旧林崎文庫（伊勢市）その他教育学術に関する遺跡
18. 朝熊山経塚群（伊勢市）経塚
19. 谷川士清旧宅（津市）旧宅
20. 上野城跡（伊賀市）城跡
21. 王塚古墳（鈴鹿市）古墳・横穴
22. 向山古墳（松阪市）古墳・横穴
23. 水池土器製作遺跡（明和町）その他産業交通土木に関する遺跡
24. 美旗古墳群（名張市）古墳・横穴
25. 斎宮跡（明和町）宮跡
26. 正法寺山荘跡（亀山市）城跡
27. 長野氏城跡（津市）城跡
　　　長野城跡　東の城跡　中の城跡　西の城跡
28. 阿坂城跡（松阪市）城跡
　　　附　高城跡
　　　　　枳城跡
29. 赤木城跡及び田平子峠刑場跡（熊野市）城跡
30. 夏見廃寺跡（名張市）社寺の跡又はその境内
31. 城之越遺跡（伊賀市）その他祭祀信仰に関する遺跡
32. 天白遺跡（松阪市）その他古墳・横穴の類の遺跡
33. 伊勢国府跡（鈴鹿市）国郡庁等官衙遺跡
34. 久留倍官衙遺跡（四日市市）国郡庁等官衙遺跡
35. 伊賀国庁跡（伊賀市）国郡庁等官衙遺跡
36. 松坂城跡（松阪市）城跡

37. 鈴鹿関跡（亀山市）その他産業交通土木に関する遺跡

滋賀県

1. 茶臼山古墳（大津市他）古墳・横穴
　　小茶臼山古墳
2. 藤樹書院跡（高島市）私塾
3. 紫香楽宮跡（甲賀市）都城跡
4. 廃少菩提寺石多宝塔および石仏（湖南市）その他祭祀信仰に関する遺跡
5. **安土城跡**（近江八幡市他）城跡
6. 竹生島（長浜市）社寺の跡又は旧境内
7. 北畠具行墓（米原市）墳墓
8. 清滝寺京極家墓所（米原市）墳墓
9. 円満院庭園（大津市）園池
10. 光浄院庭園（大津市）園池
11. 善法院庭園（大津市）園池
12. 小谷城跡（長浜市）城跡
13. 崇福寺跡（大津市）社寺の跡又はその境内
14. 大岩山古墳群（野洲市）古墳・横穴
15. 垂水斎王頓宮跡（甲賀市）その他祭祀信仰に関する遺跡
16. 狛坂磨崖仏（栗東市）磨崖仏
17. 旧和中散本舗（栗東市）その他産業交通土木に関する遺跡
18. 草津宿本陣（草津市）その他産業交通土木に関する遺跡
19. 老蘇森（近江八幡市）樹石
20. **彦根城跡**（彦根市）城跡
21. 瓢箪山古墳（近江八幡市）古墳・横穴
22. 南滋賀町廃寺跡（大津市）社寺の跡又はその境内
23. 義仲寺境内（大津市）社寺の跡又はその境内
24. 近江国府跡（大津市）国郡庁等官衙遺跡
　　国庁跡　惣山遺跡　青江遺跡　中路遺跡
25. 大中の湖南遺跡（近江八幡市）住居跡等〈集落跡〉
26. 日吉神社境内（大津市）社寺の跡又はその境内
27. 皇子山古墳（大津市）古墳・横穴
28. 春日山古墳群（大津市）古墳・横穴
29. 衣川廃寺跡（大津市）社寺の跡又はその境内
30. 堂ノ上遺跡（大津市）国郡庁等官衙遺跡
31. 近江大津宮錦織遺跡（大津市）都城跡
32. 観音寺城跡（近江八幡市他）城跡
33. 瀬田丘陵生産遺跡群（草津市他）その他産業交通土木に関する遺跡
34. 穴太廃寺跡（大津市）社寺の跡又はその境内
35. 下之郷遺跡（守山市）住居跡等〈集落跡〉
36. 古保利古墳群（長浜市）古墳・横穴
37. 京極氏遺跡（米原市）城跡
　　京極氏城館跡　弥高寺跡
38. 清水山城館跡（高島市）城跡
39. 芦浦観音寺跡（草津市）その他政治に関する遺跡
40. 鎌刃城跡（米原市）城跡
41. 敏満寺石仏谷墓跡（多賀町）墳墓
42. 北近江城館跡群（長浜市）城跡
　　下坂氏館跡　三田村氏館跡
43. 百済寺境内（東近江市）社寺の跡又はその境内

44. 甲賀郡中惣遺跡群（甲賀市）城跡
45. 荒神山古墳（彦根市）古墳・横穴
46. 伊勢遺跡（守山市）住居跡等〈集落跡〉
47. 雪野山古墳（近江八幡市他）古墳・横穴
48. 水口岡山城跡（甲賀市）城跡
49. 永原御殿跡及び伊庭御殿跡（野洲市他）その他古墳・横穴の類の遺跡

京都府

1. 函石浜遺物包含地（京丹後市）遺物包蔵地
2. 西寺跡（京都市）社寺の跡又はその境内
3. 銚子山古墳（京丹後市）古墳・横穴
    第一、二古墳
4. 乙訓古墳群（京都市他）古墳・横穴
    天皇の杜古墳　芝古墳　寺戸大塚古墳　五塚原古墳　元稲荷古墳　南条古墳　物集女
    車塚古墳　長法寺南原古墳　恵解山古墳　井ノ内車塚古墳　井ノ内稲荷塚古墳　今里
    大塚古墳　鳥居前古墳
5. 伊藤仁斎宅（古義堂）跡ならびに書庫（京都市）私塾
6. 頼山陽書斎（山紫水明処）（京都市）旧宅
7. 荷田春満旧宅（京都市）旧宅
8. 平等院庭園（宇治市）園池
9. 神明山古墳（京丹後市）古墳・横穴
10. 南禅院庭園（京都市）園池
11. 西芳寺（京都市）園池
12. 天龍寺（京都市）園池
13. 大徳寺方丈（京都市）園池
14. 真珠庵（京都市）園池
15. 大仙院書院（京都市）園池
16. 孤篷庵（京都市）園池
17. 龍安寺方丈（京都市）園池
18. **鹿苑寺**［金閣寺］（京都市）園池
19. **慈照寺**［銀閣寺］（京都市）園池
20. 嵐山（京都市）園池
21. **醍醐寺三宝院**（京都市）園池
22. 高台寺（京都市）園池
23. 石川丈山墓（京都市）墳墓
24. 丹波国分寺跡（亀山市）社寺の跡又はその境内
    附　八幡神社跡
25. 詩仙堂（京都市）旧宅
26. 御土居（京都市）防塁
27. 蛭子山古墳（与謝野町）古墳・横穴
28. 作山古墳（与謝野町）古墳・横穴
29. 丹後国分寺跡（宮津市）社寺の跡又はその境内
30. 慈照寺［銀閣寺］旧境内（京都市）社寺の跡又はその境内
31. 妙心寺庭園（京都市）園池
32. 天鳳院（京都市）園池
33. 東海庵書院（京都市）園池
34. 霊雲院（京都市）園池
35. 退蔵寺（京都市）園池
36. 桂春院（京都市）園池
37. 岩倉具視幽棲旧宅（京都市）旧宅

38.　笠置山（笠置町）宮跡
39.　栗栖野瓦窯跡（京都市）窯跡
40.　高瀬川一之船入（京都市）その他産業交通土木に関する遺跡
41.　教王護国寺境内（京都市）宮跡
42.　金胎寺境内（和束町）宮跡
43.　本願寺大書院庭園（京都市）園池
44.　聖護院旧仮皇居（京都市）宮跡
45.　神泉苑（京都市）
46.　仁和寺御所跡（京都市）宮跡
47.　大覚寺御所跡（京都市）宮跡
48.　旧二条離宮（二条城）（京都市）城跡
49.　高麗寺跡（山城町）社寺の跡又はその境内
50.　青蓮院旧仮御所（京都市）宮跡
51.　恭仁宮跡［山城国分寺跡］（木津川市）都城跡
52.　産土山古墳（京丹後市）古墳・横穴
53.　松花堂およびその跡（八幡市）旧宅
54.　浄瑠璃寺庭園（木津川市）園池
55.　長岡宮跡（向日市）都城跡
56.　高山寺境内（京都市）社寺の跡又はその境内
57.　隨心院境内（京都市）社寺の跡又はその境内
58.　醍醐寺境内（京都市）社寺の跡又はその境内
59.　船岡山（京都市）古戦場
60.　方広寺大仏殿跡及び石塁・石塔（京都市）社寺の跡又はその境内
61.　妙心寺境内（京都市）社寺の跡又はその境内
62.　樫原廃寺跡（京都市）社寺の跡又はその境内
63.　大住車塚古墳（京田辺市）古墳・横穴
64.　正道官衙遺跡（城陽市）国郡庁等官衙遺跡
65.　平川廃寺跡（城陽市）社寺の跡又はその境内
66.　蛇塚古墳（京都市）古墳・横穴
67.　森山遺跡（城陽市）住居跡等（集落跡）
68.　天塚古墳（京都市）古墳・横穴
69.　鳥羽殿跡（京都市）宮跡
70.　久津川古墳群（城陽市）古墳・横穴
　　　　久津川車塚古墳　丸塚古墳　芭蕉塚古墳　久世小学校古墳
71.　平安宮跡（京都市）都城跡
　　　内裏跡　朝堂院跡　豊楽院跡
72.　千歳車塚古墳（亀岡市）古墳・横穴
73.　賀茂御祖神社境内（京都市）社寺の跡又はその境内
74.　隼上り瓦窯跡（宇治市）窯跡
75.　芝ヶ原古墳（城陽市）古墳・横穴
76.　聖塚・菖蒲塚古墳（綾部市）古墳・横穴
77.　賀茂別雷神社境内（京都市）社寺の跡又はその境内
78.　本願寺境内（京都市）社寺の跡又はその境内
79.　私市円山古墳（綾部市）古墳・横穴
80.　椿井大塚山古墳（木津川市）古墳・横穴
81.　白米山古墳（与謝野町）古墳・横穴
82.　山科本願寺跡及び南殿跡（京都市）社寺の跡又はその境内
83.　南禅寺境内（京都市）社寺の跡又はその境内
84.　日吉ヶ丘・明石墳墓群（与謝野町）その他古墳・横穴の類の遺跡
85.　大山崎瓦窯跡（大山崎町）窯跡

86. 赤坂今井墳墓（京丹後市）墳墓
87. 久世廃寺跡（城陽市）社寺の跡又はその境内
88. 宇治川太閤堤跡（宇治市）堤防
89. 石清水八幡宮境内（八幡市）社寺の跡又はその境内
90. 神雄寺跡（木津川市）社寺の跡又はその境内
91. 大徳寺境内（京都市）社寺の跡又はその境内
92. 成相寺旧境内（宮津市）社寺の跡又はその境内
93. 宇治古墳群（宇治市）古墳・横穴

大阪府
1. 桜井駅跡［楠木正成伝説地］（島本町）特に由緒ある地域の類
2. 高井田横穴（柏原市）古墳・横穴
3. 松岳山古墳（柏原市）古墳・横穴
4. 西陵古墳（岬町）古墳・横穴
　　　第一、二古墳
5. 牧野車塚古墳（枚方市）古墳・横穴
6. 契沖旧庵［円珠庵］ならびに墓（大阪市）旧宅
7. 金剛寺境内（河内長野市）宮跡
8. 観心寺境内（河内長野市）宮跡
9. 千早城跡（千早赤阪村）城跡
10. 楠木城跡［上赤阪城跡］（千早赤阪村）城跡
11. 赤阪城跡（千早赤阪村）城跡
12. 土佐十一烈士墓（堺市）墳墓
13. 住吉行宮跡（大阪市）宮跡
14. **百済寺跡**（枚方市）社寺の跡又はその境内
15. 緒方洪庵旧宅および塾（大阪市）私塾
16. 野中寺旧伽藍跡（羽曳野市）社寺の跡又はその境内
17. 鹿谷寺跡（太子町）社寺の跡又はその境内
18. 岩屋（太子町）社寺の跡又はその境内
19. 郡山宿本陣（茨木市）その他産業交通土木に関する遺跡
20. 四天王寺旧境内（大阪市）社寺の跡又はその境内
21. **大坂城跡**（大阪市）城跡
22. 土塔（堺市）その他祭祀信仰に関する遺跡
23. 丸山古墳（貝塚市）古墳・横穴
24. 桜塚古墳群（豊中市）古墳・横穴
25. 摩湯山古墳（岸和田市）古墳・横穴
26. 百舌鳥古墳群（堺市）古墳・横穴
　　　いたすけ古墳　長塚古墳　収塚古墳　塚廻古墳　文珠塚古墳　丸保山古墳　乳岡古墳　御廟表塚古墳　ドンチャ山古墳　正楽寺山古墳　鏡塚古墳　善右ヱ門山古墳　銭塚古墳　グワショウ坊古墳　旗塚古墳　寺山南山古墳　七観音古墳　御廟山古墳内濠　ニサンザイ古墳内濠
27. 古市古墳群（藤井寺市他）古墳・横穴
　　　古室山古墳　赤面山古墳　大鳥塚古墳　助太山古墳　鍋塚古墳　城山古墳　峯ヶ塚古墳　墓山古墳　野中古墳　応神天皇陵古墳外濠外堤　鉢塚古墳　はざみ山古墳　青山古墳　蕃所山古墳　稲荷塚古墳　東山古墳　割塚古墳　唐櫃山古墳　松川塚古墳　浄元寺山古墳　白鳥陵古墳周堤　仲姫命陵古墳周堤
28. 二子塚古墳（太子町）古墳・横穴
29. 通法寺跡（羽曳野市）社寺の跡又はその境内
30. 黒姫山古墳（堺市）古墳・横穴
31. 今城塚古墳（高槻市）古墳・横穴

　　　附　新池埴輪製作遺跡
32. 帝塚山古墳（大阪市）古墳・横穴
33. 難波宮跡（大阪市）都城跡
　　　附　法円坂遺跡
34. 勝尾寺旧境内牓示八天石蔵および町石（箕面市）社寺の跡又はその境内
35. 心合寺山古墳（八尾市）古墳・横穴
36. 嶋上郡衙跡（高槻市）国郡庁等官衙遺跡
　　　附　寺跡
37. 吉志部瓦窯跡（吹田市）窯跡
38. 禁野車塚古墳（枚方市）古墳・横穴
39. 旧堺燈台（堺市）その他産業交通土木に関する遺跡
40. 日下貝塚（東大阪市）貝塚
41. 石宝殿古墳（寝屋川市）古墳・横穴
42. 誉田白鳥埴輪製作遺跡（羽曳野市）その他産業交通土木に関する遺跡
43. 国府遺跡（藤井寺市）住居跡等〈集落跡〉
44. 田辺廃寺跡（柏原市）社寺の跡又はその境内
45. 池上曽根遺跡（和泉市他）住居跡等〈集落跡〉
46. 鴻池新田会所跡（東大阪市）その他産業交通土木に関する遺跡
47. 七尾瓦窯跡（吹田市）窯跡
48. 高宮廃寺跡（寝屋川市）社寺又はその境内
49. 観音塚古墳（羽曳野市）古墳・横穴
50. 阿武山古墳（高槻市他）古墳・横穴
51. 海会寺跡（泉南市）社寺の跡又はその境内
52. 四ツ池遺跡（堺市）住居跡等〈集落跡〉
53. 金山古墳（河南町）古墳・横穴
54. 安満遺跡（高槻市）住居跡等〈集落跡〉
55. 一須賀古墳群（太子町他）古墳・横穴
56. 日根荘遺跡（泉佐野市他）その他産業交通土木に関する遺跡
57. 闘鶏山古墳（高槻市）古墳・横穴
58. 新堂廃寺跡（富田林市）社寺の跡又はその境内
　　　附　オガンジ池瓦窯跡・お亀石古墳
59. 和泉黄金塚古墳（和泉市）古墳・横穴
60. 河内寺廃寺跡（東大阪市）社寺の跡又はその境内
61. 春日大社南郷目代今西氏屋敷（豊中市）その他産業交通土木に関する遺跡
62. 楠葉台場跡（枚方市）その他政治に関する遺跡
63. 烏帽子形城跡（河内長野市）城跡
64. 鳥坂寺跡（柏原市）社寺の跡又はその境内
65. 狭山池（大阪狭山市）その他産業交通土木に関する遺跡
66. 高安千塚古墳群（八尾市）古墳・横穴
67. 旧造幣寮（大阪市）その他産業交通土木に関する遺跡
68. 由義寺跡（八尾市）社寺の跡又はその境内

兵庫県
1. 和田岬砲台（神戸市）その他政治に関する遺跡
2. 播磨国分寺跡（姫路市）社寺の跡又はその境内
3. 五色塚［千壺］古墳（神戸市）古墳・横穴
　　小壺古墳
4. 壇場山古墳（姫路市）古墳・横穴
　　第一、二、三古墳
5. 処女塚古墳（神戸市）古墳・横穴

6. 西宮砲台（西宮市）その他政治に関する遺跡
7. 大石良雄宅跡（赤穂市）旧宅
8. **姫路城跡**（姫路市）城跡
9. 円教寺境内（姫路市）宮跡
10. 竹田城跡（朝来市）城跡
11. 玉丘古墳群（加西市）古墳・横穴
12. 楠木正成墓碑（神戸市）墳墓
13. 多田院（川西市）社寺の跡又はその境内
14. 淡路国分寺塔跡（南あわじ市）社寺の跡又はその境内
15. 篠山城跡（篠山市）城跡
16. 伊丹廃寺跡（伊丹市）社寺の跡又はその境内
17. 大中遺跡（播磨町）住居跡等〈集落跡〉
18. 田能遺跡（尼崎市他）住居跡等〈集落跡〉
19. 柏原藩陣屋跡（丹波市）城跡
20. 赤穂城跡（赤穂市）城跡
21. 西条古墳群（加古川市）古墳・横穴
22. 三ツ塚廃寺跡（丹波市）社寺の跡又はその境内
23. 瓢塚古墳（姫路市）古墳・横穴
24. 吉島古墳（たつの市）古墳・横穴
25. 有岡城跡（伊丹市）城跡
26. 広渡廃寺跡（小野市）社寺の跡又はその境内
27. 新宮宮内遺跡（たつの市）住居跡等〈集落跡〉
28. 黒井城跡（丹波市）城跡
29. 但馬国分寺跡（豊岡市）社寺の跡又はその境内
30. 箕谷古墳群（養父市）古墳・横穴
31. 赤松氏城跡（上郡町他）城跡
　　　白旗城跡　感状山城跡　置塩城跡
32. 山名氏城跡（豊岡市）城跡
　　　此隅山城跡　有子山城跡
33. 八木城跡（養父市）城跡
34. 洲本城跡（洲本市）城跡
35. 中山荘園古墳（宝塚市）古墳・横穴
36. 加茂遺跡（川西市）住居跡等〈集落跡〉
37. 茶すり山古墳（朝来市）古墳・横穴
38. 明石城跡（明石市）城跡
39. 西求女塚古墳（神戸市）古墳・横穴
40. 八上城跡（篠山市）城跡
41. 播州葡萄園跡（稲美町）その他産業交通土木に関する遺跡
42. 徳島藩松帆台場跡（姫路市）その他政治に関する遺跡
43. 山陽道野磨駅家跡（上郡町）その他産業交通土木に関する遺跡
44. 明石藩舞子台場跡（神戸市）その他政治に関する遺跡
45. 会下山遺跡（芦屋市）住居跡等〈集落跡〉
46. 五斗長垣内遺跡（淡路市）住居跡等〈集落跡〉
47. 三木城跡及び付城跡・土塁（三木市）城跡
48. 石の宝殿及び竜山石採石遺跡（高砂市）その他産業交通土木に関する遺跡
49. 多田銀銅山遺跡（猪名川町）その他産業交通土木に関する遺跡
50. 利神城跡（佐用町）城跡
51. 舟木遺跡（姫路市）住居跡等〈集落跡〉

奈良県

1. **山田寺跡**（桜井市）社寺の跡又はその境内
2. 川原寺跡（明日香村）社寺の跡又はその境内
3. 大官大寺跡（明日香村）社寺の跡又はその境内
4. **本薬師寺跡**（橿原市）社寺の跡又はその境内
5. 宇智川磨崖碑（五條市）磨崖仏
6. 行基墓（生駒市）墳墓
7. 宮山古墳（御所市）古墳・横穴
8. 北山十八間戸（奈良市）慈善施設
9. 頭塔（奈良市）その他祭祀信仰に関する遺跡
10. **平城宮跡**（奈良市）都城跡
11. **文殊院西古墳**（桜井市）古墳・横穴
12. 牽牛子塚古墳・越塚御門古墳（明日香村）古墳・横穴
13. 春日山石窟仏（奈良市）磨崖仏
14. 地獄谷石窟佛（奈良市）磨崖仏
15. 吉野山（吉野町）宮跡
16. 森野旧薬園（宇陀市）薬園
17. 毛原廃寺跡（山添村）社寺の跡又はその境内
18. 粟原寺跡（桜井市）社寺の跡又はその境内
19. 巨勢寺塔跡（御所市）社寺の跡又はその境内
20. 高宮廃寺跡（御所市）社寺の跡又はその境内
21. 比曽寺跡（大淀町）社寺の跡又はその境内
22. 柚之内古墳群（天理市）古墳・横穴
　　　西山古墳　西乗鞍古墳
23. **巣山古墳**（広陵町）古墳・横穴
24. 花山塚古墳（桜井市）古墳・横穴
25. 中尾山古墳（明日香村）古墳・横穴
26. 菖蒲池古墳（橿原市）古墳・横穴
27. 酒船石遺跡（明日香村）その他古墳・横穴の類の遺跡
28. 額田部窯跡（大和郡山市）窯跡
29. 松山西口関門（宇陀市）城跡
30. 三井瓦窯跡（斑鳩町）窯跡
31. 元興寺塔跡（奈良市）社寺の跡又はその境内
32. 東大寺旧境内（奈良市）社寺の跡又はその境内
33. 東大寺東南院旧境内（奈良市）宮跡
34. 金剛山（御所市）城跡
35. 當麻寺中之坊庭園（葛城市）園池
36. 大野寺石仏（宇陀市）磨崖仏
37. 慈光院庭園（大和郡山市）園池
38. **石舞台古墳**（明日香村）古墳・横穴
39. 鶯塚古墳（奈良市）古墳・横穴
40. 栄山寺行宮跡（五條市）宮跡
41. 藤原武智麿墓（五條市）墳墓
42. 三井（斑鳩町）井泉
43. **藤原宮跡**（橿原市）都城跡
44. 法隆寺旧境内（斑鳩町）社寺の跡又はその境内
45. 高取城跡（高取町）城跡
46. 天王山古墳（桜井市）古墳・横穴
47. 乙女山古墳（河合町）古墳・横穴
48. 大塚山古墳群（河合町）古墳・横穴

　　大塚山古墳　城山古墳　高山塚一号古墳　高山塚二号古墳　高山塚三号古墳　高山塚
　　四号古墳　九僧塚古墳　丸山古墳
49. 櫛山古墳（天理市）古墳・横穴
50. 牧野古墳（広陵町）古墳・横穴
51. 宮滝遺跡（吉野町）住居跡等〈集落跡〉
52. 水泥古墳（御所市）古墳・横穴
53. 元興寺極楽坊境内（奈良市）社寺の跡又はその境内
54. 元興寺小塔院跡（奈良市）社寺の跡又はその境内
55. 西大寺境内（奈良市）社寺の跡又はその境内
56. 定林寺跡（明日香村）社寺の跡又はその境内
57. 飛鳥寺跡（明日香村）社寺の跡又はその境内
58. 橘寺境内（明日香村）社寺の跡又はその境内
59. 興福寺旧境内（奈良市）社寺の跡又はその境内
60. 唐招提寺旧境内（奈良市）社寺の跡又はその境内
61. 岩屋山古墳（明日香村）古墳・横穴
62. 丸山古墳（橿原市）古墳・横穴
63. 小治田安萬侶墓（奈良市）墳墓
64. 安倍寺跡（桜井市）社寺の跡又はその境内
65. 瓢箪山古墳（奈良市）古墳・横穴
66. 烏土塚古墳（平群町）古墳・横穴
67. 屋敷山古墳（葛城市）古墳・横穴
68. 飛鳥宮跡（明日香村）都城跡
69. **高松塚古墳**（明日香村）古墳・横穴
70. 桜井茶臼山古墳（桜井市）古墳・横穴
71. 平野塚穴山古墳（香芝市）古墳・横穴
72. 艸墓古墳（桜井市）古墳・横穴
73. 塩塚古墳（奈良市）古墳・横穴
74. 飛鳥水落遺跡（明日香村）宮跡
75. 新沢千塚古墳群（橿原市）古墳・横穴
76. ナガレ山古墳（河合町）古墳・横穴
77. 珠城山古墳（桜井市）古墳・横穴
78. 藤原京跡（橿原市）都城跡
　　朱雀大路跡　左京七条一・二坊跡　右京七条一坊跡
79. **平城京左京三条二坊宮跡庭園**（奈良市）園池
80. 二塚古墳（葛城市）古墳・横穴
81. 飛鳥稲淵宮殿跡（明日香村）宮跡
82. 太安萬侶墓（奈良市）墳墓
83. メスリ山古墳（桜井市）古墳・横穴
84. 市尾墓山古墳・宮塚古墳（高取町）古墳・横穴
85. マルコ山古墳（明日香村）古墳・横穴
86. 茅原大墓古墳（桜井市）古墳・横穴
87. 正長元年柳生徳政碑（奈良市）碑
88. 見田・大沢古墳群（宇陀市）古墳・横穴
89. 文祢麻呂墓（宇陀市）墳墓
90. 平城京朱雀大路跡（奈良市）都城跡
91. 大神神社境内（桜井市）社寺の跡又はその境内
92. 春日大社境内（奈良市）社寺の跡又はその境内
93. 佐味田宝塚古墳（河合町）古墳・横穴
94. 中宮寺跡（斑鳩町）社寺の跡又はその境内
95. 藤ノ木古墳（斑鳩町）古墳・横穴

96.　赤土山古墳（天理市）古墳・横穴
97.　*法起寺境内*（斑鳩町）社寺の跡又はその境内
98.　薬師寺旧境内（奈良市）社寺の跡又はその境内
99.　唐古・鍵遺跡（田原本町）住居跡等〈集落跡〉
100.　**キトラ古墳**（明日香村）古墳・横穴
101.　法華寺旧境内（奈良市）社寺の跡又はその境内
　　　　法華寺境内　阿弥陀浄土院跡
102.　黒塚古墳（天理市）古墳・横穴
103.　飛鳥池工房遺跡（明日香村）その他産業交通土木に関する遺跡
104.　植山古墳（橿原市）古墳・横穴
105.　吉備池廃寺跡（桜井市）社寺の跡又はその境内
106.　尼寺廃寺跡（香芝市）社寺の跡又はその境内
107.　島の山古墳（川西町）古墳・横穴
108.　巨勢山古墳群（御所市）古墳・横穴
109.　大峰山寺境内（天川村）社寺の跡又はその境内
110.　檜隈寺跡（明日香村）社寺の跡又はその境内
111.　飛鳥京跡苑池（明日香村）園池
112.　岡寺跡（明日香村）社寺の跡又はその境内
113.　纒向古墳群（桜井市）古墳・横穴
114.　宇陀松山城跡（宇陀市）城跡
115.　与楽古墳群（高取町）古墳・横穴
　　　　与楽鑵子塚古墳　与楽カンジョ古墳　寺崎白壁塚古墳
116.　纒向遺跡（桜井市）住居跡等〈集落跡〉
117.　大和古墳群（天理市）古墳・横穴
　　　　ノムギ古墳　中山大塚古墳　下池山古墳
118.　上牧久渡古墳群（上牧町）古墳・横穴
119.　箸墓古墳周濠（桜井市）古墳・横穴
120.　都塚古墳（明日香村）古墳・横穴
121.　條ウル神古墳（御所市）古墳・横穴
122.　伊勢本海道（曽爾村）その他産業交通土木に関する遺跡

和歌山県

1.　紀伊国分寺跡（紀の川市）社寺の跡又はその境内
2.　西国分塔跡（岩出市）社寺の跡又はその境内
3.　和歌山城（和歌山市）城跡
4.　明恵紀州遺跡率都婆（有田市他）その他祭祀信仰に関する遺跡
5.　鳴神貝塚（和歌山市）　貝塚
6.　**岩橋千塚古墳群**（和歌山市）古墳・横穴
7.　三栖廃寺塔跡（田辺市）社寺の跡又はその境内
8.　広村堤防（広川町）堤防
9.　浜口梧陵墓（広川町）墳墓
10.　四箇郷一里塚（和歌山市）一里塚
11.　上野廃寺跡（和歌山市）社寺の跡又はその境内
12.　旧名手宿本陣（紀の川市）その他産業交通土木に関する遺跡
13.　高山寺貝塚（田辺市）　貝塚
14.　下里古墳（那智勝浦町）古墳・横穴
15.　高野参詣道（橋本市他）その他祭祀信仰に関する遺跡
　　　　町石道　三谷坂　京大坂道不動坂　黒河道　女人道
16.　金剛峯寺境内（高野町）社寺の跡又はその境内
17.　大谷古墳（和歌山市）古墳・横穴

18. 磯間岩陰遺跡（田辺市）住居跡等〈集落跡〉
19. 和歌山藩主徳川家墓所（海南市）墳墓
20. 丹生都比売神社境内（かつらぎ町）社寺の跡又はその境内
21. 新宮城跡（新宮市）城跡
　　　　附　水野家墓所
22. 根来寺境内（岩出市）社寺の跡又はその境内
23. 道成寺境内（御坊市他）社寺の跡又はその境内
24. 水軒堤防（和歌山市）堤防
25. 安宅氏城館跡（白浜町）城跡
26. 湯浅党城館跡（湯浅町他）城跡
　　　　湯浅城跡　藤並館跡
27. 樫野埼灯台及びエルトゥールル号遭難事件遺跡（串本町）外国および外国人に関する遺跡

鳥取県

1. 伊福吉部徳足比売墓跡（鳥取市）墳墓
2. 三明寺古墳（倉吉市）古墳・横穴
3. 岩井廃寺塔跡（岩美市）社寺の跡又はその境内
4. 土師百井廃寺跡（八頭町）社寺の跡又はその境内
5. 船上山行宮跡（琴浦町）宮跡
6. 向山古墳群（米子市）古墳・横穴
7. 三徳山（三朝町）宮跡
8. 伯耆一宮経塚（湯梨浜町）経塚
9. 大原廃寺跡（倉吉市）社寺の跡又はその境内
10. **斎尾廃寺跡**（琴浦町）社寺の跡又はその境内
11. 栃本廃寺跡（鳥取市）社寺の跡又はその境内
12. 橋津古墳群（湯梨浜町）古墳・横穴
13. 鳥取城跡（鳥取市）城跡
　　　　附　太閤ヶ平
14. 福市遺跡（米子市）住居跡等〈集落跡〉
15. 伯耆国分寺跡（倉吉市）社寺の跡又はその境内
16. 布勢古墳（鳥取市）古墳・横穴
17. 青木古墳（米子市）住居跡等〈集落跡〉
18. 因幡国庁跡（鳥取市）国郡庁等官衙遺跡
19. 梶山古墳（鳥取市）古墳・横穴
20. 北山古墳（湯梨浜町）古墳・横穴
21. 阿弥大寺古墳群（倉吉市）古墳・横穴
22. 鳥取藩主池田家墓所（鳥取市）墳墓
23. 伯耆国府跡（倉吉市）国郡庁等官衙遺跡
　　　　国府跡　法華寺畑遺跡　不入岡遺跡
24. 鳥取藩台場跡（境港市他）その他政治に関する遺跡
　　　　由良台場跡　境台場跡　淀江台場跡　橋津台場跡　浦富台場跡　赤崎台場跡
25. 上淀廃寺跡（米子市）社寺の跡又はその境内
26. 妻木晩田遺跡（米子市他）住居跡等〈集落跡〉
27. 大御堂廃寺跡（倉吉市）社寺の跡又はその境内
28. 米子城跡（米子市）城跡
29. 青谷上寺地遺跡（鳥取市）住居跡等〈集落跡〉
30. 若桜鬼ヶ城跡（若桜町）城跡
31. 智頭往来（智頭町）その他産業交通土木に関する遺跡
　　　　志戸坂峠越
32. 大高野官衙遺跡（琴浦町）国郡庁等官衙遺跡

33. 大山寺旧境内（大山町）社寺の跡又はその境内

島根県

1. 出雲国分寺跡（松江市）社寺の跡又はその境内
 　　附　古道
2. 石見国分寺跡（浜田市）社寺の跡又はその境内
3. 出雲玉作跡（松江市）その他産業交通土木に関する遺跡
4. 山代二子塚（松江市）古墳・横穴
5. 大庭鶏塚（松江市）古墳・横穴
6. 上塩冶築山古墳（出雲市）古墳・横穴
7. 上塩冶地蔵山古墳（出雲市）古墳・横穴
8. 菅田庵（松江市）園池
9. 万福寺庭園（益田市）園池
10. 医光寺庭園（益田市）園池
11. 今市大念寺古墳（出雲市）古墳・横穴
12. 宝塚古墳（出雲市）古墳・横穴
13. 徳連場古墳（松江市）古墳・横穴
14. 丹花庵古墳（松江市）古墳・横穴
15. 佐太・講武貝塚（松江市）
16. 富田城跡（安来市）城跡
17. 隠岐国分寺境内（隠岐の島町）社寺の跡又はその境内
18. 安部谷古墳（松江市）古墳・横穴
19. 松江城（松江市）城跡
20. 周布古墳（浜田市）古墳・横穴
21. 荒島古墳群（安来市）古墳・横穴
22. 安来一里塚（安来市）一里塚
23. 下府廃寺塔跡（浜田市）社寺の跡又はその境内
24. 伊志見一里塚（松江市）一里塚
25. 出西・伊波野一里塚（出雲市）一里塚
26. 小泉八雲旧居（松江市）外国および外国人に関する遺跡
27. 山代方墳（松江市）古墳・横穴
28. スクモ塚古墳（益田市）古墳・横穴
29. 津和野城跡（津和野町）城跡
30. 権現山洞窟住居跡（松江市）住居跡等〈集落跡〉
31. サルガ鼻洞窟住居跡（松江市）住居跡等〈集落跡〉
32. 岩屋寺跡古墳（松江市）古墳・横穴
33. 岩舟古墳（安来市）古墳・横穴
34. 金崎古墳群（松江市）古墳・横穴
35. 上島古墳（出雲市）古墳・横穴
36. 猪目洞窟遺物包含層（出雲市）遺物包蔵地
37. 岡田山古墳（松江市）古墳・横穴
38. 石見銀山遺跡（大田市）その他産業交通土木に関する遺跡
39. 森鴎外旧宅（津和野町）旧宅
40. 仲仙寺古墳群（安来市）古墳・横穴
41. 出雲国府跡（松江市）国郡庁等官衙遺跡
42. 石屋古墳（松江市）古墳・横穴
43. 出雲国山代郷遺跡群（松江市）その他政治に関する遺跡
 　　正倉跡　　北新造院跡
44. 荒神谷遺跡（出雲市）遺物包蔵地
45. 西周旧居（津和野町）旧宅

46. 松江藩主松平家墓所（松江市）墳墓
47. 加茂岩倉遺跡（雲南市）その他古墳・横穴の類の遺跡
48. 西谷墳墓群（出雲市）その他古墳・横穴の類の遺跡
49. 田和山遺跡（松江市）住居跡等〈集落跡〉
50. 益田氏城館跡（益田市）城跡
51. 田儀櫻井家たたら製鉄遺跡（出雲市）その他産業交通土木に関する遺跡
52. 国富中村古墳（出雲市）古墳・横穴
53. 中須東原遺跡（益田市）その他産業交通土木に関する遺跡
54. 鰐淵寺境内（出雲市）社寺の跡又はその境内
55. 石見銀山街道（美郷町）その他産業交通土木に関する遺跡
56. 出雲国山陰道跡（出雲市）その他産業交通土木に関する遺跡
57. 大元古墳（益田市）古墳・横穴
58. 久喜銀山遺跡（邑南町）その他産業交通土木に関する遺跡

岡山県

1. 造山古墳（岡山市）古墳・横穴
     第一、二、三、四、五、六古墳
2. 作山古墳（総社市）古墳・横穴
     第一古墳
3. **旧閑谷学校**（備前市）郷学
     附　椿山・石門・津田永忠宅跡及び黄葉亭
4. 旧岡山藩藩学（岡山市）藩学
5. 院庄館跡［児島高徳伝説地］（津山市）特に由緒ある地域の類
6. 備中国分尼寺跡（総社市）社寺の跡又はその境内
7. 下道氏墓（矢掛町）墳墓
8. 大多羅寄宮跡（岡山市）社寺の跡又はその境内
9. 両宮山古墳（赤磐市）古墳・横穴
10. 万富東大寺瓦窯跡（岡山市）窯跡
11. 惣爪塔跡（岡山市）社寺の跡又はその境内
12. 真金一里塚（岡山市）一里塚
13. 箭田大塚古墳（倉敷市）古墳・横穴
14. 四ツ塚古墳群（真庭市）古墳・横穴
15. 高松城跡（岡山市）城跡
     附　水攻築提跡
16. 牟佐大塚古墳（岡山市）古墳・横穴
17. 福山城跡（総社市）城跡
18. 笠神の文字岩（高梁市）慈善施設
19. 幡多廃寺塔跡（岡山市）社寺の跡又はその境内
20. 熊山遺跡（赤磐市）社寺の跡又はその境内
21. 備中松山城跡（高梁市）城跡
22. 丸山古墳（備前市）古墳・横穴
23. 神宮寺山古墳（岡山市）古墳・横穴
24. 備前陶器窯跡（備前市）窯跡
     伊部南大窯跡　伊部西大窯跡　伊部北大窯跡　医王山窯跡
25. 津山城跡（津山市）城跡
26. こうもり塚古墳（総社市）古墳・横穴
27. 備中国分寺跡（総社市）社寺の跡又はその境内
28. 津雲貝塚（笠岡市）貝塚
29. 津島遺跡（岡山市）住居跡等〈集落跡〉
30. 賞田廃寺跡（岡山市）社寺の跡又はその境内

31. 尾上車山古墳（岡山市）古墳・横穴
32. 浦間茶臼山古墳（岡山市）古墳・横穴
33. 箕作阮甫旧宅（津山市）旧宅
34. 備前国分寺跡（赤磐市）社寺の跡又はその境内
35. 美和山古墳群（津山市）古墳・横穴
36. 三成古墳（津山市）古墳・横穴
37. 楯築遺跡（倉敷市）その他古墳・横穴の類の遺跡
38. 門田貝塚（邑久町）貝塚
39. 寒風古窯跡群（牛窓町）窯跡
40. 鬼城山（総社市）城跡
41. 岡山城跡（岡山市）城跡
42. 岡山藩主池田家墓所（岡山市他）墳墓
　　　　附　津田永忠墓
43. 美作国分寺跡（津山市）社寺の跡又はその境内
44. 大廻小廻山城跡（岡山市）城跡
45. 大谷・定古墳群（真庭市）古墳・横穴
46. 彦崎貝塚（岡山市）貝塚

広島県

1. **厳島**（甘日市市）社寺の跡又は旧境内
2. 御年代古墳（三原市）古墳・横穴
3. **廉塾ならびに菅茶山旧宅**（福山市）郷学
4. 一宮［桜山慈俊挙兵伝説地］（福山市）特に由緒ある地域の類
5. 安芸国分寺跡（東広島市）社寺の跡又はその境内
6. 頼山陽居室（広島市）旧宅
7. 毛利氏城跡（安芸高田市）城跡
　　　多治比猿掛城跡　郡山城跡
8. 広島城跡（広島市）城跡
9. 小早川氏城跡（三原市）城跡
　　　高山城跡　新高山城跡　三原城跡
10. 福山城跡（福山市）城跡
11. 寄倉岩陰遺跡（庄原市）住居跡等〈集落跡〉
12. 宮の前廃寺跡（福山市）社寺の跡又はその境内
13. 浄楽寺・七ツ塚古墳群（三次市）古墳・横穴
14. 花園遺跡（三次市）その他古墳・横穴の類の遺跡
15. 横見廃寺跡（三原市）社寺の跡又はその境内
16. 矢谷古墳（三次市）古墳・横穴
17. 三ツ城古墳（東広島市）古墳・横穴
18. 寺町廃寺跡（三次市）社寺の跡又はその境内
19. 吉川氏城館跡（北広島町）城跡
　　　駿河丸城跡　小倉山城跡　日山城跡　吉川元春館跡
20. 原爆ドーム［旧広島県産業奨励館］（広島市）その他政治に関する遺跡
21. 中小田古墳群（広島市）古墳・横穴
22. 鏡山城跡（東広島市）城跡
23. 陣山墳墓群（三次市）その他古墳・横穴の類の遺跡
24. 二子塚古墳（福山市）古墳・横穴
25. 甲立古墳（安芸高田市）古墳・横穴
26. 備後国府跡（府中市）国郡庁等官衙遺跡
27. 下岡田官衙遺跡（府中町）国郡庁等官衙遺跡
28. 佐田谷・佐田峠墳墓群（庄原市）その他この類の遺跡

山口県

1. 松下村塾（萩市）私塾
2. 吉田松陰幽囚の旧宅（萩市）旧宅
3. 萩反射炉（萩市）その他産業交通土木に関する遺跡
4. 常栄寺庭園（山口市）園池
5. 大日比ナツミカン原樹（長門市）その他産業交通土木に関する遺跡
6. 長門鋳銭所跡（下関市）その他産業交通土木に関する遺跡
7. 旧萩藩校明倫館（萩市）藩学
8. 木戸孝允旧宅（萩市）旧宅
9. 伊藤博文旧宅（萩市）旧宅
10. 高杉晋作墓（下関市）墳墓
11. 敷山城跡（防府市）城跡
12. 石城山神籠石（光市）神護石
13. 大村益次郎墓（山口市）墳墓
14. 野谷石風呂（山口市）慈善施設
15. 青海島鯨墓（長門市）墳墓
16. 旧萩藩御船倉（萩市）その他産業交通土木に関する遺跡
17. 周防国衙跡（防府市）国郡庁等官衙遺跡
18. 佐波川関水（山口市）その他産業交通土木に関する遺跡
19. 村田清風旧宅および墓（長門市）旧宅
20. 中山忠光墓（下関市）墳墓
21. 陶陶窯跡（山口市）窯跡
22. 茶臼山古墳（柳井市）古墳・横穴
23. 大日古墳（防府市）古墳・横穴
24. 萩城跡（萩市）城跡
25. 周防国分寺旧境内（防府市）社寺の跡又はその境内
26. 大内氏遺跡（山口市）城跡
    附　凌雲寺跡
27. 土井ヶ浜遺跡（下関市）その他古墳・横穴の類の遺跡
28. 萩城下町（萩市）その他産業交通土木に関する遺跡
29. 綾羅木郷遺跡（下関市）住居跡等〈集落跡〉
30. 周防鋳銭司跡（山口市）その他産業交通土木に関する遺跡
31. 梶栗浜遺跡（下関市）住居跡等〈集落跡〉
32. 萩藩主毛利家墓所（萩市他）墳墓
33. 白須たたら製鉄遺跡（阿武町）その他産業交通土木に関する遺跡
34. 朝田墳墓群（山口市）その他古墳・横穴の類の遺跡
35. 見島ジーコンボ古墳群（萩市）古墳・横穴
36. 萩往還（山口市他）その他産業交通土木に関する遺跡
37. 仁馬山古墳（下関市）古墳・横穴
38. 周防灘干拓遺跡（山陽小野田市）その他産業交通土木に関する遺跡
    高泊開作浜五挺唐樋　名田島新開作南蛮樋
39. 長登銅山跡（美祢市）その他産業交通土木に関する遺跡
40. 長州藩下関前田台場跡（下関市）その他政治に関する遺跡
41. 大板山たたら製鉄遺跡（萩市）その他産業交通土木に関する遺跡
42. 恵美須ヶ鼻造船所跡（萩市）その他産業交通土木に関する遺跡
43. 勝山御殿跡（下関市）城跡

徳島県

1. 段の塚穴（美馬市）古墳・横穴
2. 阿波国分尼寺跡（石井町）社寺の跡又はその境内

　3.　郡里廃寺跡（美馬市）社寺の跡又はその境内
　4.　丹田古墳（東みよし町）古墳・横穴
　5.　勝瑞城館跡（藍住町）城跡
　6.　徳島藩主蜂須賀家墓所（徳島市）墳墓
　7.　徳島城跡（徳島市）城跡
　8.　渋野丸山古墳（徳島市）古墳・横穴
　9.　阿波遍路道（阿南市他）その他祭祀信仰に関する遺跡
　　　　大日寺境内　地蔵寺境内　焼山寺道　一宮道　常楽寺境内　恩山寺道　立江寺道　鶴
　　　　林寺道　鶴林寺境内　太龍寺道　かも道　太龍寺境内　いわや道　平等寺道　雲辺寺
　　　　道
10.　鳴門板野古墳群（鳴門市）古墳・横穴
11.　板東俘虜収容所跡（鳴門市）その他政治に関する遺跡
12.　若杉山辰砂採掘遺跡（阿南市）その他産業交通土木に関する遺跡

香川県
　1.　府中・山内瓦窯跡（坂出市他）窯跡
　2.　讃岐国分尼寺跡（高松市）社寺の跡又はその境内
　3.　**讃岐国分寺跡**（高松市）社寺の跡又はその境内
　4.　二ノ宮窯跡（三豊市）窯跡
　5.　石清尾山古墳群（高松市）古墳・横穴
　6.　屋島（高松市）城跡
　7.　城山（坂出市他）神護石
　8.　丸亀城跡（丸亀市）城跡
　9.　高松城跡（高松市）城跡
10.　塩飽勤番所跡（丸亀市）その他政治に関する遺跡
11.　喜兵衛島製塩遺跡（直島町）その他産業交通土木に関する遺跡
12.　有岡古墳群（善通寺市）
13.　天霧城跡（善通寺市他）城跡
14.　富田茶臼山古墳（さぬき市）古墳・横穴
15.　宗吉瓦窯跡（三豊市）窯跡
16.　快天山古墳（丸亀市）古墳・横穴
17.　中等廃寺跡（まんのう町）社寺の跡又はその境内
18.　讃岐遍路道（高松市他）その他祭祀信仰に関する遺跡
　　　　曼荼羅寺道　善通寺境内　根香寺道　大窪寺道
19.　津田古墳群（さぬき市）古墳・横穴
20.　大野原古墳群（観音寺市）古墳・横穴
　　　　椀貸塚古墳　平塚古墳　角塚古墳　岩倉塚古墳
21.　高松藩主松平家墓所（高松市）墳墓
22.　紫雲出山遺跡（三豊市）住居跡等〈集落跡〉
23.　讃岐国府跡（坂出市）国郡庁等官衙遺跡
24.　引田城跡（東かがわ市）城跡

愛媛県
　1.　伊予国分寺塔跡（今治市）社寺の跡又はその境内
　2.　宇和島城（宇和島市）城跡
　3.　法安寺跡（西条市）社寺の跡又はその境内
　4.　松山城跡（松山市）城跡
　5.　能島城跡（今治市）城跡
　6.　上黒岩岩陰遺跡（久万高原町）住居跡等〈集落跡〉
　7.　久米官衙遺跡群（松山市）国郡庁等官衙遺跡

　　　久米官衙遺跡　　来住廃寺跡
　8.　河後森城跡（松野町）城跡
　9.　湯築城跡（松山市）城跡
　10.　永納山城跡（西条市他）城跡
　11.　等妙寺旧境内（鬼北町）社寺の跡又はその境内
　12.　妙見山古墳（今治市）古墳・横穴
　13.　葉佐池古墳（松山市）古墳・横穴
　14.　宇摩向山古墳（四国中央市）古墳・横穴
　15.　伊予遍路道（宇和島市他）その他祭祀信仰に関する遺跡
　　　　　観自在寺道　　稲荷神社境内及び龍光寺境内　　仏木寺道　　明石寺境内　　大寶寺道　　岩屋
　　　　　寺道　　横峰寺道　　横峰寺境内　　三角寺奥之院道
　16.　八幡浜海道笠置峠越（八幡浜市）その他産業交通土木に関する遺跡
　17.　弓削島荘遺跡（上島町）その他産業交通土木に関する遺跡

高知県

　1.　土佐国分寺跡（南国市）社寺の跡又はその境内
　2.　比江廃寺塔跡（南国市）社寺の跡又はその境内
　3.　龍河洞（香美市）住居跡等〈集落跡〉
　4.　武市半平太旧宅および墓（高知市）旧宅
　5.　谷重遠墓（香美市）墳墓
　6.　土佐藩砲台跡（須崎市）その他政治に関する遺跡
　7.　宿毛貝塚（宿毛市）　貝塚
　8.　高知城跡（高知市）城跡
　9.　不動ガ岩屋洞窟（佐川町）住居跡等〈集落跡〉
　10.　岡豊城跡（南国市）城跡
　11.　土佐藩主山内家墓所（高知市）墳墓
　12.　土佐遍路道（土佐市他）その他祭祀信仰に関する遺跡
　　　　　竹林寺道　　禅師峰寺道　　青龍寺道

福岡県

　1.　**水城跡**（太宰府市他）防塁
　2.　**大宰府跡**（太宰府市）大宰府跡
　3.　日輪寺古墳（久留米市）古墳・横穴
　4.　楠名・重定古墳（うきは市）古墳・横穴
　5.　八女古墳群（八女市他）古墳・横穴
　　　　　乗場古墳　　石人山古墳　　岩戸山古墳　　善蔵塚古墳　　弘化谷古墳　　丸山塚古墳　　丸山古
　　　　　墳　　茶臼塚古墳
　6.　筑前国分寺跡（太宰府市）社寺の跡又はその境内
　7.　国分瓦窯跡（太宰府市）窯跡
　8.　友枝瓦窯跡（上毛町）窯跡
　9.　塚花塚古墳（うきは市）古墳・横穴
　10.　日岡古墳（うきは市）古墳・横穴
　11.　今宿古墳群（福岡市）古墳・横穴
　　　　　丸隈山古墳　　大塚古墳　　鋤先古墳　　飯氏二塚古墳　　兜塚古墳　　山ノ鼻一号墳　　若八幡
　　　　　宮古墳
　12.　元寇防塁（福岡市）防塁
　13.　御塚・権現塚古墳（久留米市）古墳・横穴
　14.　雷山神籠石（糸島市）神護石
　15.　**大野城跡**（太宰府市他）城跡
　16.　古月横穴（鞍手町）古墳・横穴

17. 御所山古墳（苅田町）古墳・横穴
18. **王塚古墳**（桂川町）古墳・横穴
19. 怡土城跡（糸島市）城跡
20. 穴ヶ葉山古墳（上毛市）古墳・横穴
21. 塔原塔跡（筑紫野市）社寺の跡又はその境内
22. 大分廃寺塔跡（飯塚市）社寺の跡又はその境内
23. 高山彦九郎墓（久留米市）墳墓
24. 下馬場古墳（久留米市）古墳・横穴
25. 鹿毛馬神籠石（飯塚市）神護石
26. 五郎山古墳（筑紫野市）古墳・横穴
27. 浦山古墳（久留米市）古墳・横穴
28. 屋形古墳群（うきは市）古墳・横穴
　　　珍敷塚古墳　鳥船塚古墳　古畑古墳　原古墳
29. 女山神籠石（みやま市）神護石
30. 高良山神籠石（久留米市）神護石
31. 御所ヶ谷神籠石（行橋市）神護石
32. 志登支石墓群（糸島市）その他古墳・横穴の類の遺跡
33. 竹原古墳（宮若市）古墳・横穴
34. 福岡城跡（福岡市）城跡
35. 銚子塚古墳（糸島市）古墳・横穴
36. 萩ノ尾古墳（大牟田市）古墳・横穴
37. 田主丸古墳群（久留米市）古墳・横穴
　　　田主丸大塚古墳　寺徳古墳　中原狐塚古墳　西館古墳
38. 聖福寺境内（福岡市）社寺の跡又はその境内
39. 橘塚古墳（みやこ町）古墳・横穴
40. 大宰府学校院跡（太宰府市）その他教育学術に関する遺跡
41. 観世音寺境内及び子院跡（太宰府市他）社寺の跡又はその境内
　　　附　老司瓦窯跡
42. 宗像神社境内（宗像市）社寺の跡又はその境内
43. 小郡官衙遺跡群（小郡市）国郡庁等官衙遺跡
　　　小郡官衙遺跡　上岩田遺跡
44. 金隈遺跡（福岡市）その他古墳・横穴の類の遺跡
45. 杷木神籠石（朝倉市）神護石
46. 綾塚古墳（みやこ町）古墳・横穴
47. 焼ノ峠古墳（筑前町）古墳・横穴
48. 光正寺古墳（宇美町）古墳・横穴
49. 七夕池古墳（志免町）古墳・横穴
50. 野方遺跡（福岡市）住居跡等〈集落跡〉
51. 石神山古墳（みやま市）古墳・横穴
52. 日拝塚古墳（春日市）古墳・横穴
53. 桜京古墳（宗像市）古墳・横穴
54. 板付遺跡（福岡市）住居跡等〈集落跡〉
55. 豊前国分寺跡（みやこ町）社寺の跡又はその境内
56. 潜塚古墳（大牟田市）古墳・横穴
57. 仙道古墳（筑前町）古墳・横穴
58. 小田茶臼塚古墳（朝倉市）古墳・横穴
59. 安国寺甕棺墓群（久留米市）その他古墳・横穴の類の遺跡
60. 釜塚古墳（糸島市）古墳・横穴
61. 曽根遺跡群（糸島市）その他古墳・横穴の類の遺跡
　　　平原遺跡　ワレ塚古墳　銭瓶塚古墳　狐塚古墳

62. 石塚山古墳（苅田町）古墳・横穴
63. 須玖岡本遺跡（春日市）その他古墳・横穴の類の遺跡
64. 堀川用水及び朝倉揚水車（朝倉市）その他の産業交通土木に関する遺跡
65. 吉武高木遺跡（福岡市）その他古墳・横穴の類の遺跡
66. 今山遺跡（福岡市）その他産業交通土木に関する遺跡
67. 平塚川添遺跡（朝倉市）住居跡等〈集落跡〉
68. 筑後国府跡（久留米市）国郡庁等官衙遺跡
69. 下高橋官衙遺跡（大刀洗町）国郡庁等官衙遺跡
70. 大ノ瀬官衙遺跡（上毛町）国郡庁等官衙遺跡
71. 船迫窯跡（築上町）窯跡
72. 新町支石墓群（糸島市）その他古墳・横穴の類の遺跡
73. 老司古墳（福岡市）古墳・横穴
74. 相島積石塚群（新宮町）古墳・横穴
75. 比恵遺跡（福岡市）住居跡等〈集落跡〉
76. 求菩提山（豊前市）社寺の跡又はその境内
77. 鴻臚館跡（福岡市）その他政治に関する遺跡
　　　　附　女原瓦窯跡
78. 津屋崎古墳群（福津市）古墳・横穴
79. 唐原山城跡（上毛町）城跡
80. 牛頸須恵器窯跡（大野城市）窯跡
81. 田熊石畑遺跡（宗像市）住居跡等〈集落跡〉
82. 阿志岐山城跡（筑紫野市）城跡
83. 首羅山遺跡（久山町）社寺の跡又はその境内
84. 宝満山（太宰府市他）社寺の跡又はその境内
85. 城山横穴群（福智町）古墳・横穴
86. 安徳大塚古墳（那珂川市）古墳・横穴
87. 船原古墳（古賀市）古墳・横穴
88. 英彦山（添田町）その他祭祀信仰に関する遺跡
89. 福原長者原官衙遺跡（行橋市）国郡庁等官衙遺跡
90. 三雲・井原遺跡（糸島市）住居跡等〈集落跡〉
91. 朝倉須恵器窯跡（筑前町）窯跡
　　　　小隈窯跡　山隈窯跡
92. 筑豊炭田遺跡群（田川市他）その他産業交通土木に関する遺跡
　　　　三井田川鉱業所伊田坑跡　目尾炭坑跡　旧筑豊石炭鉱業組合
　　　　直方会議所及び救護練習所模擬坑道
93. 安徳台遺跡（那珂川市）住居跡等〈集落跡〉
94. 阿恵官衙遺跡（粕屋町）国郡庁等官衙遺跡
95. 久留米藩主有馬家墓所（久留米市）墳墓

佐賀県

1. 多久聖廟（多久市）聖廟
2. **名護屋城跡並陣跡**（唐津市他）城跡
3. 田代太田古墳（鳥栖市）古墳・横穴
4. 肥前陶器窯跡（武雄市他）窯跡
5. 谷口古墳（唐津市）古墳・横穴
6. 帯隈山神籠石（佐賀市）神護石
7. 横田下古墳（唐津市）古墳・横穴
8. 大隈重信旧宅（佐賀市）旧宅
9. おつぼ山神籠石（武雄市）神護石
10. 唐津松浦墳墓群（唐津市）その他古墳・横穴の類の遺跡

　　葉山尻支石墓群　大友遺跡　森田支石墓群　桜馬場遺跡
11. 土生遺跡（小城市）住居跡等〈集落跡〉
12. 西隈古墳（佐賀市）古墳・横穴
13. 銚子塚古墳（佐賀市）古墳・横穴
14. 肥前磁器窯跡（武雄市他）窯跡
　　天狗台窯跡　山辺田窯跡　原明窯跡　百間窯跡　泉山磁石場跡　不動山窯跡
15. 安永田遺跡（鳥栖市）住居跡等〈集落跡〉
16. 菜畑遺跡（唐津市）住居跡等〈集落跡〉
17. 肥前国庁跡（佐賀市）国郡庁等官衙遺跡
18. 柿右衛門窯跡（有田町）窯跡
19. **吉野ヶ里遺跡**（神埼市他）住居跡等〈集落跡〉
20. 大川内鍋島窯跡（伊万里市）窯跡
21. 勝尾城筑紫氏遺跡（鳥栖市）城跡
22. 姉川城跡（神埼市）城跡
23. 三重津海軍所跡（佐賀市）その他産業交通土木に関する遺跡
24. 東名遺跡（佐賀市）住居跡等〈集落跡〉

【長崎県】
 1. 高島秋帆旧宅（長崎市）旧宅
 2. 平戸和蘭商館跡（平戸市）外国および外国人に関する遺跡
 3. 出島和蘭商館跡（長崎市）外国および外国人に関する遺跡
 4. シーボルト宅跡（長崎市）外国および外国人に関する遺跡
 5. 旧島原藩薬園跡（島原市）薬園
 6. 原城跡（南島原市）城跡
 7. 吉利支丹墓碑（南島原市）墳墓
 8. 小菅修船場跡（長崎市）その他産業交通土木に関する遺跡
 9. 原山支石墓群（南島原市）その他古墳・横穴の類の遺跡
10. 根曽古墳群（対馬市）古墳・横穴
11. 矢立山古墳群（対馬市）古墳・横穴
12. 塔の首遺跡（対馬市）その他古墳・横穴の類の遺跡
13. 福井洞窟（佐世保市）住居跡等〈集落跡〉
14. 曲崎古墳群（長崎市）古墳・横穴
15. ホゲット石鍋製作遺跡（西海市）その他産業交通土木に関する遺跡
16. **金田城跡**（対馬市）城跡
17. 日野江城跡（南島原市）城跡
18. 清水山城跡（対馬市）城跡
19. 対馬藩主宗家墓所（対馬市）墳墓
20. 大野台支石墓群（佐世保市）その他古墳・横穴の類の遺跡
21. 長崎台場跡（長崎市）その他政治に関する遺跡
　　魚見岳台場跡　四郎ヶ島台場跡　女神台場跡
22. 泉福寺洞窟（佐世保市）住居跡等〈集落跡〉
23. 金石城跡（対馬市）城跡
24. **原の辻遺跡**（壱岐市）住居跡等〈集落跡〉
25. 肥前波佐見陶磁器窯跡（波佐見町）窯跡
26. 勝本城跡（壱岐市）城跡
27. 大村藩主大村家墓所（大村市）墳墓
28. 壱岐古墳群（壱岐市）古墳・横穴
29. 鷹島神崎遺跡（松浦市）古戦場
30. 大浦天主堂境内（長崎市）社寺の跡又はその境内
31. 高島炭鉱跡（長崎市）その他産業交通土木に関する遺跡

　　高島北渓井坑跡　中ノ島炭坑跡　端島炭坑跡
32. 長崎原爆遺跡（長崎市）その他政治に関する遺跡

熊本県

1. 千金甲古墳［甲号］（熊本市）古墳・横穴
2. 千金甲古墳［乙号］（熊本市）古墳・横穴
3. 井寺古墳（嘉島町）古墳・横穴
4. 釜尾古墳（熊本市）古墳・横穴
5. 大村横穴群（人吉市）古墳・横穴
6. 石貫穴観音横穴（玉名市）古墳・横穴
7. 石貫ナギノ横穴群（玉名市）古墳・横穴
8. チブサン・オブサン古墳（山鹿市）古墳・横穴
9. 鍋田横穴（山鹿市）古墳・横穴
10. 水前寺成趣園（熊本市）園池
11. **熊本城跡**（熊本市）城跡
12. 富岡吉利支丹供養碑（苓北町）その他祭祀信仰に関する遺跡
13. 江田穴観音古墳（和水町）古墳・横穴
14. 江田船山古墳（和水町）古墳・横穴
　　　　附　塚坊主古墳
　　　　　　虚空蔵塚古墳
15. 弁慶ヶ穴古墳（山鹿市）古墳・横穴
16. 岩原古墳群（山鹿市）古墳・横穴
17. 人吉城跡（人吉市）城跡
18. 御領貝塚（熊本市）　貝塚
19. 二子山石器製作遺跡（合志市）その他産業交通土木に関する遺跡
20. 塚原古墳群（熊本市）古墳・横穴
21. 大坊古墳（玉名市）古墳・横穴
22. 宇土城跡（宇土市）城跡
23. 小田良古墳（宇城市）古墳・横穴
24. 阿高・黒橋貝塚（熊本市）　貝塚
25. 方保田東原遺跡（山鹿市）住居跡等〈集落跡〉
26. 永安寺東古墳・永安寺西古墳（玉名市）古墳・横穴
27. 熊本藩主細川家墓所（熊本市）墳墓
28. 地辺寺跡（熊本市）社寺の跡又はその境内
29. 田中城跡（和水町）城跡
30. 豊前街道（南関町）その他産業交通土木に関する遺跡
　　　南関御茶屋跡　腹切坂
31. 鞠智城跡（菊池市他）城跡
32. 野津古墳群（氷川町）古墳・横穴
33. 堅志田城跡（美里町）城跡
34. 佐敷城跡（芦北町）城跡
35. 隈部氏館城（山鹿市）城跡
36. 棚底城跡（天草市）城跡
37. 熊本藩川尻米蔵跡（熊本市）その他産業交通土木に関する遺跡
38. 西南戦争遺跡（熊本市他）古戦場
39. 豊後街道（阿蘇市他）その他産業交通土木に関する遺跡
40. 大野窟古墳（氷川町）古墳・横穴
41. 八代城跡群（八代市）城跡
　　　古麓城跡　麦島城跡　八代城跡
42. 陣ノ内城跡（甲佐町）城跡

大分県

1. 咸宜園跡（日田市）私塾
2. 穴観音古墳（日田市）古墳・横穴
3. 豊後国分寺跡（大分市）社寺の跡又はその境内
4. **臼杵磨崖仏**（臼杵市）磨崖仏
　　　附　　**日吉塔**
　　　　　　嘉応二年在銘五輪塔
　　　　　　承安二年在銘五輪塔
5. 大分元町石仏（大分市）磨崖仏
6. 犬飼石仏（豊後大野市）磨崖仏
7. 菅尾石仏（豊後大野市）磨崖仏
8. 高瀬石仏（大分市）磨崖仏
9. 緒方宮迫東石仏（豊後大野市）磨崖仏
10. 緒方宮迫西石仏（豊後大野市）磨崖仏
11. 千代丸古墳（大分市）古墳・横穴
12. 築山古墳（大分市）古墳・横穴
13. 岡城跡（竹田市）城跡
14. 旧竹田荘（竹田市）旧宅
　　　附　　田能村竹田墓
15. 廣瀬淡窓旧宅及び墓（日田市）旧宅
16. 熊野磨崖仏（豊後高田市）磨崖仏
　　　附　　元宮磨崖仏及び鍋山磨崖仏
17. 下山古墳（臼杵市）古墳・横穴
18. 鬼ノ岩屋・実相寺古墳群（別府市）古墳・横穴
19. 葛原古墳（宇佐市）古墳・横穴
20. 四日市横穴群（宇佐市）古墳・横穴
21. 鬼塚古墳（国東市）古墳・横穴
22. 法恩寺山古墳群（日田市）古墳・横穴
23. 三浦梅園旧宅（国東市）旧宅
24. 七ツ森古墳群（竹田市）古墳・横穴
25. 福沢諭吉旧居（中津市）旧宅
26. 法鏡寺廃寺跡（宇佐市）社寺の跡又はその境内
27. 川部・高森古墳群（宇佐市）古墳・横穴
28. 岩戸遺跡（豊後大野市）遺物包蔵地
29. 古宮古墳（大分市）古墳・横穴
30. 宇佐神宮境内（宇佐市）社寺の跡又はその境内
31. 安国寺集落遺跡（国東市）住居跡等〈集落跡〉
32. ガランドヤ古墳（日田市）古墳・横穴
33. 亀塚古墳（大分市）古墳・横穴
34. 小迫辻原遺跡（日田市）住居跡等〈集落跡〉
35. 岡藩主中川家墓所（竹田市他）墳墓
36. 大友氏遺跡（大分市）城跡
37. 角牟礼城跡（玖珠町）城跡
38. 横尾貝塚（大分市）貝塚
39. 長者屋敷官衙遺跡（中津市）国郡庁等官衙遺跡
40. 富貴寺境内（豊後高田市）社寺の跡又はその境内
41. 小熊山古墳・御塔山古墳（杵築市）古墳・横穴
42. 下藤キリシタン墓地（臼杵市）墳墓
43. 杵築城跡（杵築市）城跡
44. 小部遺跡（宇佐市）住居跡等〈集落跡〉

宮崎県

1. 宗麟原供養塔 （川南町） その他祭祀信仰に関する遺跡
2. 千畑古墳 （西都市） 古墳・横穴
3. **西都原古墳群** （西都市） 古墳・横穴
4. 中ノ尾供養碑 （日南市） その他祭祀信仰に関する遺跡
5. 本庄古墳群 （国富町） 古墳・横穴
6. 今町一里塚 （都城市） 一里塚
7. 生目古墳群 （宮崎市） 古墳・横穴
8. 南方古墳群 （延岡市） 古墳・横穴
9. 松本塚古墳 （西都市） 古墳・横穴
10. 新田原古墳群 （新富町） 古墳・横穴
11. 持田古墳群 （高鍋町） 古墳・横穴
12. 川南古墳群 （川南町） 古墳・横穴
13. 蓮ヶ池横穴群 （宮崎市） 古墳・横穴
14. 茶臼原古墳群 （西都市） 古墳・横穴
15. 安井息軒旧宅 （宮崎市） 旧宅
16. 常心塚古墳 （西都市） 古墳・横穴
17. 都於郡城跡 （西都市） 城跡
18. 大島畑田遺跡 （都城市） 住居跡等〈集落跡〉
19. 穆佐城跡 （宮崎市） 城跡
20. 佐土原城跡 （宮崎市） 城跡
21. 本野原遺跡 （宮崎市） 住居跡等〈集落跡〉
22. 日向国府跡 （西都市） 国郡庁等官衙遺跡
23. 日向国分寺跡 （西都市） 社寺の跡又はその境内

鹿児島県

1. 隼人塚 （霧島市） その他祭祀信仰に関する遺跡
2. 大隅国分寺跡 （霧島市他） 社寺の跡又はその境内
　　　附　宮田ヶ岡瓦窯跡
3. 指宿橋牟礼川遺跡 （指宿市） 遺物包蔵地
4. 城山 （鹿児島市） 城跡
5. 佐多旧薬園 （南大隅町） 薬園
6. 唐仁古墳群 （東串良町） 古墳・横穴
7. 桂菴墓 （鹿児島市） 墳墓
8. 南浦文之墓 （姶良市） 墳墓
9. 横瀬古墳 （大崎町） 古墳・横穴
10. 薩摩国分寺跡 （薩摩川内市） 社寺の跡又はその境内
11. 塚崎古墳群 （肝付町） 古墳・横穴
12. 高山城跡 （肝付町） 城跡
13. 旧集成館 （鹿児島市） その他産業交通土木に関する遺跡
　　　附　寺山炭窯跡
　　　　　関吉の疎水溝
14. 鹿児島紡績所跡 （鹿児島市） その他産業交通土木に関する遺跡
15. 宇宿貝塚 （奄美市） 貝塚
16. 知覧城跡 （南九州市） 城跡
17. 栫ノ原遺跡 （南さつま市） 住居跡等〈集落跡〉
18. 上野原遺跡 （霧島市） 住居跡等〈集落跡〉
19. 清色城跡 （薩摩川内市） 城跡
20. 志布志城跡 （志布志市） 城跡
21. 大口筋 （鹿児島市他） その他産業交通土木に関する遺跡

　　　白銀坂　龍門司坂
22. 徳之島カムィヤキ陶器窯跡（伊仙町）窯跡
23. 住吉貝塚（知名町）　貝塚
24. 広田遺跡（南種子町）その他古墳・横穴の類の遺跡
25. 赤木名城跡（奄美市）城跡
26. 小湊フワガネク遺跡（奄美市）その他産業交通土木に関する遺跡
27. 大隅正八幡宮境内及び社家跡（霧島市）社寺の跡又はその境内
28. 面縄貝塚（伊仙町）　貝塚
29. 城久遺跡（喜界町）その他産業交通土木に関する遺跡
30. 鹿児島島津家墓所（鹿児島市他）墳墓
31. 阿多貝塚（南さつま市）　貝塚

沖縄県
 1. 宇佐浜遺跡（国頭村）住居跡等〈集落跡〉
 2. 今帰仁城跡（今帰仁村）城跡
　　　附　シイナ城跡
 3. 伊波貝塚（うるま市）　貝塚
 4. 座喜味城跡（読谷村）城跡
 5. 安慶名城跡（うるま市）城跡
 6. 勝連城跡（うるま市）城跡
 7. 荻堂貝塚（北中城村）　貝塚
 8. 中城城跡（北中城村）城跡
 9. 大山貝塚（宜野湾市）　貝塚
10. 首里城跡（那覇市）城跡
11. 円覚寺跡（那覇市）社寺の跡又はその境内
12. 玉陵（那覇市）墳墓
13. 末吉宮跡（那覇市）社寺の跡又はその境内
14. 斎場御嶽（南城市）その他祭祀信仰に関する遺跡
15. 知念城跡（南城市）城跡
16. 糸数城跡（南城市）城跡
17. 具志川城跡（糸満市）城跡
18. 川平貝塚（石垣市）　貝塚
19. 仲泊遺跡（恩納村）住居跡等〈集落跡〉
20. 具志川城跡（久米島町）城跡
21. フルスト原遺跡（石垣市）城跡
22. 木綿原遺跡（読谷村）その他古墳・横穴の類の遺跡
23. 具志原貝塚（伊江村）　貝塚
24. 仲原遺跡（うるま市）住居跡等〈集落跡〉
25. 玉城城跡（南城市）城跡
26. 浦添城跡（浦添市）城跡
27. 大和井（宮古島市）井泉
28. 下田原城跡（竹富町）城跡
29. 国頭方西海道（恩納村）その他産業交通土木に関する遺跡
30. 先島諸島火番盛（宮古島市他）その他政治に関する遺跡
31. 銘苅墓跡群（那覇市）墳墓
32. 山田城跡（恩納村）城跡
33. 宇江城城跡（久米島町）城跡
34. 伊礼原遺跡（北谷町）住居跡等〈集落跡〉
35. 内間御殿（西原町）その他祭祀信仰に関する遺跡
36. 島添大里城跡（南城市）城跡

37. 中頭方西海道及び普天間参詣道（浦添市）その他産業交通土木に関する遺跡
38. 佐敷城跡（南城市）城跡
39. 中城ハンタ道（中城村）その他産業交通土木に関する遺跡
40. 北大東島燐鉱山遺跡（北大東村）その他産業交通土木に関する遺跡
41. 弁之御嶽（那覇市）その他祭祀信仰に関する遺跡
42. 白保竿根田原洞穴遺跡（石垣市）その他古墳・横穴の類の遺跡
43. 北谷城跡（北谷町）城跡

二都府県以上にわたるもの

1. 大安寺旧境内（奈良県奈良市・京都府井手町）社寺の跡又はその境内
    附　石橋瓦窯跡
2. 箱根旧街道（神奈川県箱根町・静岡県三島市他）その他産業交通土木に関する遺跡
3. 延暦寺境内（滋賀県大津市・京都府京都市）宮跡
4. **基肄［椽］城跡**（佐賀県基山町・福岡県筑紫野市）城跡
5. 近松門左衛門墓（大阪府大阪市・兵庫県尼崎市）墳墓
6. 大坂城石垣石丁場跡（香川県小豆島町・兵庫県西宮市）その他産業交通土木に関する遺跡
    小豆島石丁場跡　東六甲石丁場跡
7. 奈良山瓦窯跡（奈良県奈良市・京都府木津川市）窯跡
    歌姫瓦窯跡　音如ヶ谷瓦窯跡　市坂瓦窯跡　梅谷瓦窯跡　鹿背山瓦窯跡　中山瓦窯跡
8. 中山道（長野県長和町他・岐阜県中津川市他）その他産業交通土木に関する遺跡
9. 出羽仙台街道中山越（宮城県大崎市・山形県最上町）その他産業交通土木に関する遺跡
10. 朝鮮通信使遺跡（広島県福山市・岡山県瀬戸内市・静岡県静岡市）外国および外国人に
    関する遺跡
    鞆福禅寺境内　牛窓本蓮寺境内　興津清見寺境内
11. 琵琶湖疎水（滋賀県大津市・京都府京都市）その他産業交通土木に関する遺跡
12. 石のカラト古墳（奈良県奈良市・京都府木津川市）古墳・横穴
13. 玄蕃尾城［内中尾山城］跡（福井県敦賀市・滋賀県長浜市）城跡
14. 三井三池炭鉱跡（福岡県大牟田市・熊本県荒尾市）その他産業交通土木に関する遺跡
    宮原坑跡　万田坑跡　専用鉄道敷跡　旧長崎税関三池税関支署
15. 熊野三山（和歌山県新宮市・三重県紀宝町）社寺の跡又はその境内
16. 熊野参詣道（和歌山県新宮市他・奈良県野迫川村他・三重県熊野市他）その他祭祀信仰
    に関する遺跡
    紀伊路　中辺路　大辺路　小辺路　伊勢路　熊野川　七里御浜　花の窟
17. 大峯奥駈道（奈良県五條市他・和歌山県田辺市他）その他祭祀信仰に関する遺跡
18. 山陰道（鳥取県岩美町・島根県津和野町）その他産業交通土木に関する遺跡
    蒲生峠越　徳城峠越　野坂峠越
19. 彦根藩主井伊家墓所（東京都世田谷区・滋賀県東近江市）墳墓
20. 鳥海山（山形県遊佐町・秋田県由利本庄市他）その他祭祀信仰に関する遺跡
21. 加賀藩主前田家墓所（石川県金沢市・富山県高岡市）墳墓
22. 富士山（山梨県富士吉田市他・静岡県富士宮市他）その他祭祀信仰に関する遺跡
23. 加越国境城館群及び道（富山県小矢部市・石川県金沢市）城跡
    切山城跡　松根城跡　小原越
24. 江戸城石垣石丁場跡（神奈川県小田原市・静岡県熱海市他）その他産業交通土木に関す
    る遺跡
25. 津和野藩主亀井家墓所（島根県津和野町・鳥取県鳥取市）墳墓
    附　亀井茲矩墓

参考文献

【報告書など】（全国地方公共団体コード順）

函館市教育委員会　2006『特別史跡五稜郭跡——箱館奉行所跡発掘調査報告書』

函館市教育委員会　2007『著保内野遺跡』

函館市教育委員会　2011『特別史跡五稜郭跡　復元整備事業報告書』

宮城県教育委員会　1986『田柄貝塚 I』宮城県文化財調査報告 111 集

松島町教育委員会　2014『瑞巌寺境内遺跡』松島町文化財調査報告書 5 集

北秋田市教育委員会　2011『史跡伊勢堂岱遺跡発掘調査報告書』北秋田市埋文調査報告 13 集

北秋田市教育委員会　2018『史跡伊勢堂岱遺跡整備事業報告書』

千葉市教育委員会　2017『史跡加曽利貝塚総括報告書』

香取市教育委員会　2016『国指定史跡良文貝塚』

佐渡市　2016『史跡佐渡金銀山遺跡保存管理計画書第 II 期』

下諏訪町教育委員会　2014『星ヶ塔黒曜石原産地遺跡——総括報告書——』

京都府教育委員会　2015『乙訓古墳群調査報告書』

堺市教育委員会　2011『百舌鳥古墳群の調査 5——御廟山古墳（GBY-6）発掘調査報告書』

山口市教育委員会　2011『大内氏館跡 12』山口市埋蔵文化財調査報告書 102 集

福岡県教育委員会　1984『石崎曲り田遺跡』II　今宿バイパス関係埋蔵文化財調査報告 9

唐津市教育委員会　1982『菜畑』唐津市文化財調査報告 5 集

長崎市教育委員会　2016『国指定史跡「出島和蘭商館跡」保存活用計画』

佐世保市教育委員会　2016『史跡福井洞窟発掘調査報告書』佐世保市文化財調査報告書 14 集

多良見町教育委員会・同志社大学文学部文化学科　1990『伊木力遺跡』

熊本大学埋蔵文化財調査センター　2021『三万田東原遺跡の研究—縄文時代後期後葉の石製装身具製作遺跡—』2017 年度～2021 年度科学研究費補助金　基盤研究（B）研究成果報告書

泗水町教育委員会　1972『三万田東原調査概報』

大分市教育委員会　2000『国指定史跡亀塚古墳整備事業報告』

南種子町教育委員会　2007『広田遺跡』南種子町埋蔵文化財調査報告15集

【論文など】（五十音順）

江浦　洋　1993「現地説明会は夢の架け橋」『大阪文化財研究』4　財団法人
　　　　大阪文化財センター　19-54頁

大坪志子　2019「九州における弥生勾玉の系譜」『考古学研究』66-1　考古
　　　　学研究会　24-41頁

木下尚子　1987「弥生定形勾玉考」『東アジアの考古と歴史』中　岡崎敬先
　　　　生退官記念事業会　542-592頁

工藤雄一郎・水ノ江和同・百原　新・門叶秀樹・野澤哲郎・門叶冬樹
　　　　2021「長崎県伊木力遺跡から出土したモモ核の放射性炭素年代」
　　　　『植生史研究』29-2　日本植生史学会　69-73頁

佐原　真　1983「弥生土器入門」『弥生土器』I　ニュー・サイエンス社　1-
　　　　24頁

進村真之・赤田昌倫・清喜裕二・加藤一郎　2016「家屋文鏡および直弧文鏡
　　　　に関する調査報告」『書陵部紀要』68［陵墓篇］　宮内庁書陵部
　　　　1-16頁

同志社大学歴史資料館　2021「同志社大学先史学会「実習室だより」復刻
　　　　版」『同志社大学歴史資料館報』24

徳田誠志　2010「米国ボストン美術館所蔵所謂「伝仁徳天皇陵出土品」の調
　　　　査」『書陵部紀要』62［陵墓篇］　宮内庁書陵部　1-17頁

鳥居龍蔵　1924『諏訪史第一巻』信濃教育会諏訪部会

春成秀爾　1990『弥生時代の始まり』東京大学出版会

春成秀爾　2003a「弥生時代の開始年代」『歴博』120　国立歴史民俗博物館
　　　　6-10頁

春成秀爾　2003b「弥生早・前期の鉄器問題」『考古学研究』50-3　考古学
　　　　研究会　11-17頁

福尾正彦　2019『陵墓研究の道標』山川出版社

水ノ江和同　2020『入門　埋蔵文化財と考古学』同成社

南茅部町教育委員会　1976「北海道著保内野出土の中空土偶」『考古学雑誌』
　　　　61-4　日本考古学会　44-49頁

森　貞次郎　1980「弥生勾玉考」『古文化論攷』鏡山猛先生古稀記念論文集

刊行会　307-341 頁

八幡一郎　1940「縄文時代の交易」『人類学・先史学講座』13　雄山閣

【国の機関】（五十音順）

文化庁文化財部記念物課　2010『発掘調査のてびき―集落遺跡発掘編―』

文化庁文化財部記念物課　2010『発掘調査のてびき―整理・報告書編―』

文化庁文化財部記念物課　2013『発掘調査のてびき―各種遺跡調査編―』

文化庁文化財第二課・文化資源活用課　2020「「史跡等における歴史的建造物の復元等に関する基準」の決定について」『月間文化財』685　第一法規（文化庁監修）　55-58 頁

文化庁文化財第二課・文化資源活用課　2020「史跡等における歴史的建造物の復元等に関するワーキンググループについて（二）鉄筋コンクリート造天守等の老朽化への対応について」『月間文化財』685　第一法規（文化庁監修）　59-61 頁

宮内庁書陵部　2011「百舌鳥陵墓参考地墳丘裾護岸その他整備工事に伴う事前調査」『書陵部紀要』61［陵墓篇］　36-91 頁

あとがき

　2020（令和 2）年 10 月に前著『入門 埋蔵文化財と考古学』が刊行されると、多くの方から好意的あるいは批判的なご意見をいただきました。学生に聞くとやはり少し難しいとのこと。広く多くの方々に読んで欲しいと思い構成や内容を考えましたが、どこに最大公約数を設定するかはとても難しい問題と改めて痛感しました。

　本書の第 1 章や第 2 章で取り上げた遺跡は、私が文化庁時代に何らかの形で関わった遺跡たちです。遺跡を保護しようとすると、さまざまな困難や厳しい場面に直面することが多々あります。しかしそこでは、それを克服しようとする埋蔵文化財専門職員の真摯で熱心な取り組みに出会うことができました。そして「この遺跡を保護するには何が第一義か？ 何が本質か？」を関係者と議論することで、我々は遺跡から多くのことを学びました。

　そんななか、『入門』では深く切り込めなかった記録保存調査や遺跡の現状保存の在り方、補助金の運用方法と考え方、遺物実測や破壊分析の意義などについて埋蔵文化財専門職員からのリクエストもあり、改めて考え方を第 3 章や第 4 章で整理してみました。

　ところで、2019（平成 31）年 4 月に改正された文化財保護法の施行に伴い、「地域における文化財の総合的な保存・活用」の推進に関する具体的な取り組みがいま注目されています。そこで、都道府県では大綱が、市町村では地域計画の策定が進められていますが、これについてはまだはじまったばかりの現在進行形ということで、今回ほとんどふれることができませんでした。この取り組みは、各地方公共団体においては埋蔵文化財専門職員が中心となって進めており、文化財保護のオールランドプレイヤーとしての埋蔵文化財専門職員の存在意義が顕在化する傾向にあります。この取り組

みがもう少し進んだ段階で、その意義や問題点もまとめてみたいと考えています。

　今回の『実践 埋蔵文化財と考古学』を執筆している最中、新型コロナウイルス感染症（COVID-19）が世界中に蔓延して、人類は未曾有の苦難に直面・震撼しました。本書に関係する部分について言及するなら、大学での考古学教育では遺物実測や発掘調査などの技術の習得、埋蔵文化財保護行政では集団作業となる整理等作業を含む発掘調査全般や、展示・体験学習・講座などの公開活用事業において、大変大きくて多くの苦労に直面することになりました。これに伴いオンライン（リモート）というデジタル技術の活用が急速に普及し、広域で不特定多数の方々の参加が可能になるという効果的・効率的な場面があることも学びました。しかしオンラインは、埋蔵文化財・考古学の世界ではどうしても対処療法的な要素が多いことも事実で、技術の習得や実物へのアプローチなどでは限界性も明白になりました。また、同時にその利便性からつい本質的な部分を見失いかねない状況も生じています。特に、アナログ世代とデジタル世代の世代交代がまさにおこなわれようとしているこの時代に起きた今回の出来事は、埋蔵文化財・考古学の基本・原則・本質を再考・再認識する機会にもなったようです。

　最後になりましたが、本書の執筆については、全国の多くの埋蔵文化財専門職員及び大学関係者、そして文化庁文化財第二課（旧.記念物課）埋蔵文化財部門・史跡部門の関係者に多大なるご協力・ご支援をいただきました。心から感謝申し上げます。

　なお、『入門』に続き本書でも、本文中には馴染まないコラムを一本、最後に持ってきました。是非ともご一読ください。

コラム 20　1960 年前後の埋蔵文化財保護

　1954（昭和 29）年に文化財保護法の改正によって法第 93 条（旧法第 57 条第 2 項）が制定され、1964 年 2 月にその後の埋蔵文化財保護の方向性を決めた文化財保護委員会事務局長通知が発出される以前の埋蔵文化財保護はどのようなものだったのでしょうか。

　1953（昭和 28）年に同志社大学に着任して考古学研究室を開設した酒詰仲男は、『実習室だより』（第 11 号　同志社大学先史学会 1958 年 2 月）に「文化財保護について」という一文を掲載しました（同志社大学歴史資料館 2021）。そこには、記録保存の発掘調査の費用は原因者負担ではなく、各都道府県の教育委員会が確保すべきとしています。また、埋蔵文化財保護には小中学生への啓蒙活動、報道機関との連携による広報活動、考古学者が研究目的だけでなく埋蔵文化財保護を前提として発掘調査を実施する必要性、国による埋蔵文化財保護体制の整備などの考えが示されています。

　同志社大学考古学研究室の 2 代目の教員として 1966（昭和 41）年に着任した森浩一は、『古墳の発掘』（中央公論社 1965 年 4 月）において埋蔵文化財保護に関して以下 5 点を提言しました。①行政による徹底した分布調査と試掘・確認調査による基礎資料の作成と公開、②開発事業の計画段階から埋蔵文化財保護に関する事前協議の徹底、③第三者・有識者による審議会を設置して埋蔵文化財の取り扱いの決定、④発掘調査費用は原因者負担でなく公費負担、⑤埋蔵文化財保護は市町村の熱意と実行力次第であり市町村はそのことを自覚し自立する。

　酒詰・森両氏の考えや提言のほとんどは、現在の埋蔵文化財保護に通じる内容ばかりで、その先見性には大変驚かされます。そのなかにあって原因者負担については、1995（平成 7）年 11 月の総務庁行政監察局による「芸術文化の振興に関する行政監察結果報告書」においても問題視されています。しかし、酒詰・森両氏の提言から約 60 年を経過した現在、発掘調査費用の公費負担も原因者負担の法制化のいずれも実現してはいません。お願いベースの原因者負担は、いまや社会的にはかなり認知された日本独自の埋蔵文化財保護行政を特徴づける一つのスタイルとなっています（『入門』第 5 章）。

実践 埋蔵文化財と考古学
——発掘調査から考える——

■著者略歴■

水ノ江　和同 （みずのえ　かずとも）

1962 年　福岡県生まれ
1988 年　同志社大学大学院博士後期課程中退
　　　　福岡県教育委員会、九州国立博物館、文化庁を経て、現在、同志社大学文学部教授、博士（文化史学）
2015 年　日本考古学協会奨励賞受賞

主要著作物

『縄文時代の考古学』1〜12 巻、同成社、2007〜2010（共編著）

『九州縄文文化の研究——九州からみた縄文文化の枠組み——』雄山閣、2013

「縄文土器の器形と文様の系譜について」『九州考古学』90、九州考古学会、2015

「日本列島の玦状耳飾」『考古学雑誌』102-1、日本考古学会、2019

2021 年 12 月 28 日発行

著　者　水ノ江和同
発行者　山脇由紀子
印　刷　亜細亜印刷㈱
製　本　協栄製本㈱

発行所　東京都千代田区飯田橋　㈱同　成　社
　　　　4-4-8 東京中央ビル内
　　　　TEL 03-3239-1467　振替 00140-0-20618

ISBN978-4-88621-881-0 C1021

入門 埋蔵文化財と考古学

埋蔵文化財保護行政の成り立ちや、法制度と実際の業務内容等を、考古学研究の視点から具体的に解説した業界初の入門書。

四六 167頁 本体1700円　　　水ノ江和同著

入門 縄文時代の考古学
谷口康浩著

四六 242頁 本体2400円

縄文時代とは、どのような時代だったのか。縄文研究の第一人者が最新の成果からみえてきた縄文文化の全容を紹介し、その魅力を余すところなく語る、縄文を一から学びたい人に最適の入門書。

入門 歴史時代の考古学
近江俊秀著

四六 210頁 本体2200円

歴史時代の考古学研究に欠かせない文献史料と考古学資料の検討方法や、それらを取り扱う際の注意点について具体例をあげてわかりやすく概説し、歴史像を読み解く面白さに迫る。

同成社の発掘調査関連書籍

定本 発掘調査のてびき

文化庁文化財部記念物課監修

B5　3分冊（分売不可）総頁1088頁　本体8000円

集落遺跡や、墳墓、寺院、官衙、城館、窯跡、貝塚、洞穴遺跡など、遺跡毎に異なる発掘調査の標準的な手順や方法、注意事項を網羅的に解説し、あわせて発掘調査後の整理や分析、報告書発行までの望ましい対応や進め方を収録。発掘調査にかかわるすべての人必携！

石垣整備のてびき

文化庁文化財部記念物課監修

B5　232頁　本体5000円

城郭や寺社等の石垣、石積み構造物に関する歴史的理解をはじめ、修理・復元、整備事業に必要な事項を網羅した初の「石垣総合辞典」。城郭研究者や、石垣整備にあたる技術者・設計コンサルタント等の土木関係者、文化財関係者、城郭愛好家必携。

- -

都市の文化と景観

文化庁文化財部記念物課監修

B5　220頁　本体3500円

都市や鉱工業関連の文化的景観とはどのようなものか？全国の選定地域とその評価ポイント、その保存と活用の問題をとりあげる。また近年相次いで改正された景観関連法令も収録。文化財資源の活用にあたる関係者や、都市計画、町おこし、観光関係者必読。

- -

遺跡保護の制度と行政

和田勝彦著

B5　454頁　本体12000円

永年、文化庁で埋蔵文化財保護行政に携わってきた著者による遺跡保護行政の歴史と制度の詳説。各種統計資料や法令のほか、埋蔵文化財に関わる注目すべき主要な判例も収録した。遺跡に関わる行政担当者、考古学研究者、開発企業必携！

- -

入門パブリック・アーケオロジー

岡村勝行・松田　陽著

A5　194頁　本体1900円

遺跡は誰のものか？近年、世界で広がっている新しい考古学研究であるパブリック・アーケオロジーについて、その成り立ちや理論、目的などを具体例とともに解説し、遺跡に関わる多様な価値観を考える国内初の入門書。世界の考古学者の実態調査等も収録。